dtv

Hochbegabte Kinder sind eigentlich »ganz normale« Kinder, weder Sonderlinge noch abgehobene Genies. Sie sind eben nur sehr intelligent und stellen deshalb andere Anforderungen an ihr Elternhaus, den Kindergarten oder die Schule. Für Eltern, Erzieher und Lehrkräfte hat Christiane Alvarez einen wissenschaftlich fundierten und zugleich praxisnahen Ratgeber verfasst. Auf der Basis ihrer in Forschung und Beratungstätigkeit erworbenen Kenntnisse und Erfahrungen stellt sie dar, was Hochbegabung ist, wie man sie erkennt und wie sie getestet werden kann. Darüber hinaus fragt sie, inwiefern Hochbegabte anders sind, und zeigt, wie man sie angemessen fördern kann. Sie nennt die klassischen Schwierigkeiten, die sich für Eltern von Hochbegabten auftun, und gibt Tipps, wie man sie vermeiden oder reduzieren kann.

Dr. Christiane Alvarez, geboren 1973, studierte Psychologie und promovierte über die Interessen hochbegabter Grundschulkinder. Bis 1999 arbeitete sie im Marburger Hochbegabtenprojekt mit und war anschließend bei der Begabungsdiagnostischen Beratungsstelle *BRAIN* an der Universität Marburg in Diagnostik und Beratung tätig. Heute lebt und arbeitet sie in Paris.

Christiane Alvarez

Hochbegabung:

Tipps für den Umgang mit *fast* normalen Kindern

Deutscher Taschenbuch Verlag

Originalausgabe
April 2007

www.dtv.de

Umschlagkonzept: Balk & Brumshagen
Umschlaggestaltung: Claudia Danners unter Verwendung eines Fotos von PhotoAlto/David Laurens
Satz: Greiner & Reichel, Köln
Gesetzt aus der Meridien 9,25/11,5'
Druck und Bindung: Druckerei C. H. Beck, Nördlingen
Gedruckt auf säurefreiem, chlorfrei gebleichtem Papier
Printed in Germany
ISBN 978-3-423-34404-3

Inhalt

7 **Vorwort**
9 **Einleitung**

Kapitel 1
10 **Was ist Hochbegabung?**
10 Was ist Begabung?
24 Der Intelligenzquotient
26 Was ist Hochbegabung?

Kapitel 2
44 **Wie erkennt man Hochbegabung?**
44 Wie hilfreich sind Checklisten?
45 Können Eltern, Lehrkräfte oder Gleichaltrige Hochbegabte identifizieren?
47 Warum sind Intelligenztests geeignet?
48 Wie sieht es mit anderen Methoden aus?
49 Was muss ich bei einer Intelligenztestung beachten?

Kapitel 3
60 **Sind Hochbegabte anders?**
64 Familien Hochbegabter
67 Die Entwicklung Hochbegabter
69 Interessen
72 Soziale Kontakte
74 Persönlichkeit
75 Selbstkonzept
76 Geschlechtsunterschiede

Kapitel 4
83 **Wie kann man hochbegabte Kinder und Jugendliche fördern?**
84 Welche Fördermöglichkeiten zu Hause bzw. am Nachmittag gibt es?

87 Welche Fördermöglichkeiten bieten sich im schulischen Bereich an?
93 Hinweise zum Einsatz bestimmter Förderstrategien

Kapitel 5
103 **Wie kann ich Probleme vermeiden oder reduzieren?**
103 Mein Kind fragt ständig!
105 Wie fördere ich ein Kind im Kindergartenalter?
108 Soll ich die Stärken oder lieber die relativen Schwächen fördern?
109 Wie vermeide ich, dass mein Kind den Spaß am Lernen verliert und nicht lernt zu lernen?
110 Mein Kind hat keine Lust zu lernen und schlechte Noten. Ich habe gehört, dass es sogenannte Underachiever gibt.
117 Mein Kind hat Probleme bei der Bearbeitung der Hausaufgaben, obwohl es sie versteht.
120 Mein Kind ist perfektionistisch. Es kann mit Frustrationen nicht umgehen.
122 Mein Kind ist laut Lehrerin im Unterricht unruhig und unkonzentriert. Nun höre ich, dies könne auf ADHS, aber auch auf Hochbegabung hindeuten.
124 Mein Kind diskutiert alles aus. Es stellt meine Regeln in Frage und ist ziemlich anstrengend.
126 Mein Kind traut sich nichts zu und ist sehr ängstlich.
128 Mein Kind hat wenige Freunde.
129 Mein Kind wird gemobbt.

Anhang
135 Literaturtipps
145 Adressen
175 Literaturverzeichnis
189 Stichwortverzeichnis

Vorwort

In meiner über sechsjährigen Tätigkeit als Psychologin in der Begabungsdiagnostischen Beratungsstelle *BRAIN* an der Universität Marburg führte ich an die 800 telefonische und über 300 ausführliche persönliche Beratungen zum Thema »Hoch-Begabung« durch. So lernte ich sehr unterschiedliche Familien persönlich kennen, darunter bald 100 hochbegabte Kinder. Auf der Grundlage der Erkenntnisse der Hochbegabungsforschung, insbesondere des Marburger Hochbegabungsprojekts, werden in der vom hessischen Kultusministerium geförderten Beratungsstelle potenziell Hochbegabte zur Diagnostik vorgestellt und ihre Familien beraten. So unterschiedlich die Familien auch waren, einige Fragen wurden immer wieder gestellt. Daraus entstand die Idee, die Antworten auf diese besonders häufigen Fragen in einem Buch zusammenzufassen.

Auch wenn heute sehr viel selbstverständlicher über außergewöhnliche Begabung gesprochen wird – noch immer geistern altbekannte Mythen durch die Medien. Der oder die Hochbegabte sei anders: isoliert, ausgegrenzt, unverstanden, bedroht von Selbstzweifeln und Schulversagen. Dass dies weder den Fakten noch dem Stand der Forschung entspricht, auch wenn sogar manche Experten uns dies weismachen wollen, soll in diesem Buch vermittelt werden.

Die Berichte über Probleme Hochbegabter haben vielleicht zu mehr Aufmerksamkeit für sie geführt, vor allem für diejenigen, die wirklich Schwierigkeiten haben. Doch das Festhalten an Mythen und das Dramatisieren hat auch Nachteile: Bedauerlicherweise habe ich immer wieder verunsicherte Eltern erlebt, die aufgrund solcher Darstellungen schlimmste Befürchtungen ob der Zukunft ihres Kindes hegten. Außerdem hängen viele Probleme, mit denen Kinder in der Beratung vorgestellt werden, nicht ursächlich mit Hochbegabung zusammen. Daher kann den Kindern viel besser geholfen werden, wenn die Schwierigkeiten (natürlich bei gleichzeitiger Förderung einer eventuellen Hochbegabung) direkt und gezielt angegangen werden.

Dieses Buch richtet sich an Eltern, Pädagogen, Psychologen, Lehrkräfte und Erzieher sowie alle weiteren, die privat oder beruflich an Hochbegabung und den Hochbegabten interessiert sind.* Es informiert über Definition und Diagnostik von Hochbegabung, beschreibt Eigenschaften und Bedürfnisse hochbegabter Kinder und Jugendlicher und gibt praktische Tipps zur Erziehung und Förderung.

Ich hoffe, dieses Buch kann dazu beitragen, unnötige Verunsicherungen zu vermeiden, eine realistische Sichtweise von Hochbegabung zu fördern und Fehleinschätzungen zu reduzieren. Sowohl aus meiner Beratungserfahrung als auch aufgrund der Forschungsergebnisse kann ich sagen: Hochbegabte und ihre Familien unterscheiden sich nicht wesentlich von anderen Familien – manche haben Probleme, manche haben »Sonnenscheinkinder« und manche sind einfach nur durch das, was sie von verschiedenen Seiten gehört haben, verunsichert. Im Schnitt sind Hochbegabte aber nicht problembehafteter als andere Kinder und Jugendliche:

Hochbegabte sind ganz normale Menschen, eben nur etwas intelligenter!

Anmerkung

* In der Regel werden in diesem Buch die weibliche und die männliche Form verwendet. Wird einmal nur die männliche Form verwendet, so geschieht dies allein aus Gründen der Lesbarkeit!

Einleitung

Lucie ist eine 13-jährige Gymnasiastin. In der Schule zeigt sie sehr gute Leistungen, ohne viel dafür zu tun. In ihrer Freizeit schreibt sie gerne Geschichten und Gedichte. Mit Erfolg hat sie mehrfach an regionalen Schreibwettbewerben teilgenommen.

Max ist 16 und hat überhaupt keine Lust auf Schule. In der Grundschule war er ein Überflieger. Auf dem Gymnasium kam er anfangs gut zurecht, obwohl er wenig tat. Seit geraumer Zeit sind seine schulischen Leistungen gesunken. Den Eltern sagt er: »Die Lehrer haben eh keine Ahnung von dem, was sie erzählen.« Das sei alles öde. Die Lehrer meinen, dass der Kerl sicher pfiffig sei, dass er seine Vokabeln aber trotzdem lernen und seine Hausaufgaben sorgfältig machen müsse. Jetzt droht Max sitzenzubleiben. Ihm sei das alles egal, sagt er – seine Eltern glauben ihm das nicht so richtig. Aber wie soll man Max dazu bringen, sich mehr anzustrengen?

Linus ist 5 und kann schon erste Sätze lesen. Dabei hat ihm niemand dies bewusst gezeigt oder mit ihm geübt. Klar, er hatte hier und da nach einzelnen Buchstaben gefragt, aber das ist doch ganz normal in dem Alter?! Doch mit einem Mal las er dem Vater Wörter auf der Müslipackung vor, mittlerweile liest er, wenn auch langsam, kleine Sätze. Und bis zur Einschulung wird noch Zeit vergehen …

Diese Kinder könnten hochbegabt sein. Eventuell sind sie aber auch »nur« gut begabt. Weder gute Schulleistungen noch frühes Lesen noch Langeweile in der Schule sind sichere Anzeichen für Hochbegabung. Aber was ist eigentlich Hochbegabung?

Kapitel 1
Was ist Hochbegabung?

Was ist Begabung?

Wenn man sich mit außergewöhnlich hoher Begabung beschäftigen möchte, muss man zunächst einmal klären, was überhaupt unter *Begabung* verstanden wird.

Im alltäglichen Sprachgebrauch wird »Begabung« meist sehr weit gefasst: Dabei denkt man an das Kind, das im Zeichnen sehr gut ist, an den hervorragenden Schachspieler, den talentierten Sportler. Auch in der Wissenschaft wird unter »Begabung« sehr Unterschiedliches verstanden:[1] Diskussionspunkte sind, ob Begabung angeboren oder erworben ist, ob sie nur intellektuelle oder auch nicht-intellektuelle Fähigkeiten umfasst, ob es eine grundlegende allgemeine Begabung oder auch Spezialbegabungen gibt, ob eher ein schöpferisches, vielfältige neue Ideen produzierendes Denken (sogenanntes »divergentes Denken«) relevant ist oder das logische Schlussfolgern und Finden einer speziellen Lösung (sogenanntes »konvergentes Denken«) bzw. ob Begabung ein Potenzial, also eine prinzipielle Fähigkeit, oder die tatsächliche Umsetzung der Begabung in Leistung (Performanz) ist.

Dennoch gibt es eine breite Übereinstimmung in der Definition von Begabung, die die Basis für die weiteren Darstellungen liefern soll: Die meisten Wissenschaftler gehen heute davon aus, dass Begabung sowohl angeborene als auch erlernte Fähigkeiten umfasst. Außerdem trennt man in der Regel die intellektuelle Begabung von anderen Begabungen und bezeichnet diese als Talente. Talente sind folglich nicht-intellektuelle Begabungen in Bereichen wie Sport, Musik, Kunst usw.

In diesem Buch soll es um die (besonders hohe) intellektuelle Begabung, genauer: die herausragende Intelligenz gehen.

Was ist Intelligenz?

Die Bezeichnung »Intelligenz« leitet sich von den lateinischen Wörtern »intellegere« (erkennen, begreifen, verstehen) bzw. »intelligentia« (Einsicht, Verständnis, Kennerschaft) ab.[2] Intelligenz umschreibt also – wie man wohl auch umgangssprachlich sagen würde – die Fähigkeit, etwas zu verstehen oder zu begreifen.

Wissenschaftlich gesehen, ist Intelligenz – und hierüber gibt es eine weite Übereinstimmung – die *Fähigkeit, neue Probleme schnell und effektiv zu lösen*. Damit ist eine Kompetenz oder ein Potenzial gemeint, also die prinzipiell vorhandene Fähigkeit, ein Problem zu lösen, nicht aber die Performanz, d.h. die gezeigte Leistung. Eine hohe Begabung zu haben bedeutet also nicht automatisch, auch eine hohe Leistung zu zeigen. Begabung und Leistung hängen positiv zusammen, jedoch nicht »eins zu eins«, sondern nur bis zu einem gewissen Grad. D.h., dass die meisten Menschen ihre Begabung zwar in entsprechende Ergebnisse umsetzen, aber nicht jeder Begabte eine gute Leistung zeigt.

Auch lassen sich mit einer guten Begabung sehr gute Ergebnisse erzielen, ohne dass die betreffende Person hochbegabt ist. Dies liegt daran, dass die Leistung nicht nur von der Begabung abhängt, sondern auch vom Willen und vom Ehrgeiz, vom Arbeitsstil und von Rahmenbedingungen, etwa der Unterstützung durch das Umfeld. Neben denen, die ihre gute Begabung in gute Leistung umsetzen, gibt es folglich auch Menschen, die z.B. durch Fleiß und gute Arbeitstechniken bei durchschnittlicher Begabung auffallend hohe Leistungen erreichen, aber auch solche, die trotz exzellenter Begabung wenig erreichen.

Natürlich kann man seine Leistungen durch Fleiß nicht unbegrenzt erhöhen. Die Begabung gibt einen Rahmen vor, innerhalb dessen man unterschiedliche Leistungen zeigen kann. In der begabungsdiagnostischen Beratung geht es daher darum herauszufinden, welches Potenzial ein Mensch aufweist, wie er dieses in Leistung umsetzt, ob eventuell die Anforderungen erhöht oder gesenkt werden sollten, ob er andere Rahmenbedingen braucht usw.

In bestimmten Situationen (wie der Schul- oder Berufsberatung) ist es hilfreich, das Potenzial eines Menschen genau bestimmen zu können. Die Intelligenzforschung war daher immer schon eng mit der Entwicklung geeigneter Testaufgaben verknüpft.[3] Solche Aufgaben stellen den Getesteten vor genau definierte Problemstellungen (s. S. 49 ff.), die er möglichst zügig und richtig lösen soll. Diese Intelligenztestaufgaben lassen Rückschlüsse auf die zugrunde liegende Begabung zu.

An der Intelligenztestung wurde allerdings auch massive Kritik geübt. Bekannt geworden ist der Ausspruch: »Intelligenz ist, was der Intelligenztest misst.« Man könnte auch anders sagen: Intelligenz ist »die Fähigkeit, Erfolg in einem Intelligenztest zu haben«[4]. Intelligenztestaufgaben scheinen nämlich auf den ersten Blick wenig mit dem zu tun zu haben, was wir unter intelligentem Handeln im Alltag verstehen. Wissenschaftlich konnte jedoch gezeigt werden, dass die Leistung bei solchen Aufgaben sehr wohl auch mit der im Leben gezeigten Leistung zusammenhängt. Es lässt sich nachweisen, dass jemand, der in Intelligenztestaufgaben sehr gut abschneidet, in der Regel auch in anderen Bereichen höhere Leistungen erzielt: Menschen mit hohen Testleistungen schaffen z. B. höhere Schul- und Berufsabschlüsse und ergreifen häufig besser bezahlte Berufe als weniger intelligente Menschen.[5]

Durch eine Intelligenztestung lassen sich Fehlentscheidungen wie die Wahl einer zu anspruchsvollen Ausbildung verringern. Dabei reduziert natürlich kein Berater den zu Beratenden auf seinen IQ, denn der IQ allein macht nicht den individuellen Menschen aus und ein hoher IQ ist an sich kein Garant für Erfolg. Über die Persönlichkeit des Menschen sagt der Intelligenztest wenig aus, er ist jedoch ein hilfreicher Baustein einer guten Beratung, da er fair und objektiv ist (mehr dazu auf S. 47 ff).

Intelligenz ist ein teils angeborenes, teils erworbenes Potenzial, neue Probleme schnell und effektiv zu lösen. Sie kann am besten durch einen Intelligenztest bestimmt werden. Begabung ist nicht mit Leistung gleichzusetzen.

Der »g«-Faktor

Was versteht man nun unter der *zugrunde liegenden Begabung*, die mit dem Test erfasst werden soll? Am gängigsten ist die Auffassung, dass es einen grundlegenden »Begabungsfaktor« gibt, der für alle kognitiven Leistungen verantwortlich ist, den sogenannten *»Spearman'schen g-Faktor«*.[6] Spearman war ein bekannter Intelligenzforscher. Er stellte in einer Untersuchung fest, dass die Testergebnisse einzelner Personen in verschiedenen Intelligenztests immer ähnlich ausfielen, also offensichtlich zusammenhingen. Anscheinend gab es also eine fundamentale Fähigkeit, die bei allen Aufgaben benötigt wurde. Spearman ging daher davon aus, dass wir für alle intelligenten Handlungen eine grundlegende Fähigkeit benötigen, nämlich die allgemeine Intelligenz bzw. das Erkennen von Zusammenhängen. Diese Fähigkeit ist sowohl in unterschiedlichen Situationen als auch bei unterschiedlichen Aufgaben nötig: Ob ich nun Test A oder B bearbeite – für beide benötige ich sozusagen eine Art »grundlegende Denkfähigkeit«, um die Aufgaben ähnlich gut zu lösen. Ohne eine entsprechende Ausprägung dieser Grundfähigkeit können wir nicht lernen bzw. Bildung erwerben.

Spearman nahm ferner an, dass wir neben der grundlegenden Fähigkeit auch aufgabenspezifische Fähigkeiten benötigen,[7] dass jeder Testleistung im Intelligenztest einerseits der General-Faktor (»*g*«) und andererseits testspezifische Faktoren zugrunde liegen. D. h., dass wir neben unserer allgemeinen Begabung zusätzlich spezifische Fähigkeiten für das Typische einer Aufgabenart benötigen: für sprachliche Aufgaben neben der allgemeinen Intelligenz auch spezifische sprachliche Fähigkeiten. Als Maß für die allgemeine Intelligenz, also »*g*«, wird in der Regel der Gesamtwert eines Intelligenztests verwendet.

Neben dieser grundlegenden Fähigkeit wurden weitere Intelligenzfaktoren erforscht. Die Forschung zur Intelligenz ist sehr umfangreich, es existieren diverse Modelle. Zahlreiche Forscher gehen heute davon aus, dass sich einzelne Begabungsbereiche in ein hierarchisches Modell einordnen lassen.[8] Zum Verständnis von Intelligenz reicht es meines Erachtens aus, eines der hierarchischen Modelle, das den Zusammenhang des allgemeinen Begabungsfaktors und der spezifischeren Fähigkeiten veranschaulicht, näher zu betrachten.

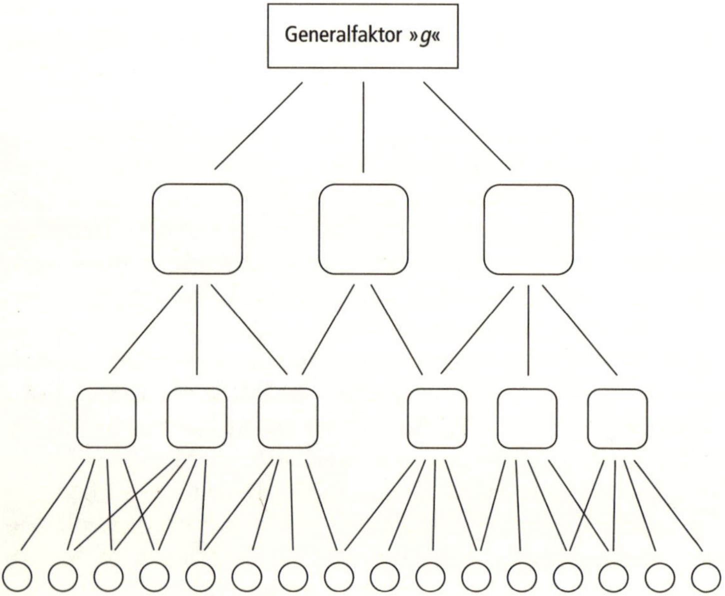

Abb. 1: Die Struktur der kognitiven Fähigkeiten: hierarchisches faktorielles Drei-Schichten-Modell (nach Jensen, 1998, S. 337).

Viele hierarchische Intelligenzmodelle stellen »*g*« an die Spitze ihres Modells, so auch das in Abbildung 1 gezeigte. Nach diesem Modell gibt es eine grundlegende Fähigkeit, mit der ganz unterschiedliche Probleme gelöst werden können. Auf den Ebenen darunter finden sich dann die spezifischen Faktoren, je weiter unten, desto spezifischer.

Auf einer der beiden mittleren Ebenen würde man z. B. die mathematische oder sprachliche Begabung einordnen. Aufgabenspezifische Faktoren (sog. »Gruppenfaktoren«) können sein: Sprachverständnis, Gedächtnis, räumliches Vorstellungsvermögen, Wahrnehmungsgeschwindigkeit, schlussfolgerndes Denken, mathematisches Verständnis etc.[9] All diese spezifischen Fähigkeiten hängen positiv zusammen – sie korrelieren positiv miteinander: Wenn also z. B. das mathematische Verständnis hoch ausgeprägt ist, so ist in der Regel auch das Sprachverständnis ähnlich gut entwickelt. Die spezifischen Fähigkeiten sind also nicht unabhängig voneinander und ihre Ausprägung hängt natürlich ebenso mit der Höhe der allgemeinen Fähigkeit zusammen. Ohne gute Grundbegabung kann ich auch keine guten Teilfähigkeiten entwickeln.

Die unterste Ebene entspricht den konkreten Aufgaben im Intelligenztest (z. B. einer Aufgabe zum schlussfolgernden Denken, bei der die vorgegebene Zahlenreihe fortgesetzt werden soll: 2 – 4 – 8 – 16 – 32 – ?).

Man kann die Zusammenhänge des hierarchischen Intelligenzmodells ganz gut veranschaulichen, indem man sie auf den Bereich der Sportlichkeit überträgt: Wer ein sportliches Talent besitzt, ist oft in verschiedenen Sportarten gut. Er wird sicher in einzelnen besser oder schlechter sein, aber er wird (wenn er kein Handicap, keine Verletzung oder Ähnliches aufweist) grundsätzlich in vielen Sportdisziplinen gut zurechtkommen. Dennoch sucht er sich eher eine oder einzelne Sportarten aus und wird die Leistungen in dieser Sportart dann durch Training steigern. Wie bei der allgemeinen Intelligenz lässt sich die Leistung durch Übung, mentale Vorbereitung etc. optimieren, aber nicht über einen durch das Talent vorgegebenen Rahmen hinaus.

Viele Wissenschaftler haben Spearmans Annahmen zum Ausgangspunkt ihrer Forschungen genommen, weitere Modelle wurden entwickelt und überprüft. Sie alle darzustellen würde jedoch zu weit führen. Dem interessierten Leser sei das Buch von Eysenck (2004) genannt, der einen umfangreichen und anregenden Überblick über das Thema gibt. Einen kurzen wissenschaftlichen Überblick gibt Klauer (2006). Allgemein kann festgehalten werden, dass das Konstrukt einer grundlegenden allgemeinen Denkfähigkeit sehr gut erforscht und belegt ist.

> Die allgemeine Intelligenz, der Spearman'sche *g*-Faktor, ist die grundlegende Fähigkeit zu intelligenten Leistungen. Sie ist sehr gut erforscht und belegt.

Multiple Intelligenzen

Neben dem hierarchischen Intelligenzmodell sind heutzutage vor allem Modelle weit verbreitet, die annehmen, es existierten mehrere Intelligenzen gleichrangig nebeneinander. So behauptet beispielsweise Gardner, es gebe *multiple Intelligenzen.*[10] Gardner geht davon aus, dass es verschiedene, trennbare Begabungsbereiche gibt und somit auch unterschiedliche Hochbegabungen. Er identifizierte zunächst sieben Bereiche, in denen isolierte außergewöhnliche Begabungen auftreten sollen, nämlich

sprachlich,
musikalisch,
logisch-mathematisch,
räumlich,
körperlich-kinästhetisch,
interpersonal und
intrapersonal.

Später diskutierte Gardner noch weitere Intelligenzen, die naturkundliche, die spirituelle und die moralische sowie die existenzielle Intelligenz, wobei er zunächst nur in der

naturkundlichen

eine Erweiterung seiner multiplen Intelligenzen sah.[11]

Gardner fasst unter die einzelnen Intelligenzen folgende Fähigkeiten:

Unter *sprachlicher Intelligenz* werden die Sensibilität für gesprochene und geschriebene Sprache, die Begabung, Sprachen zu lernen, und die Fähigkeit, Sprache für bestimmte Zwecke einzusetzen, verstanden. Als hoch sprachlich intelligent werden Schriftsteller und Dichter angesehen, aber auch Rechtsanwälte und Redner.

Die *musikalische Intelligenz* ist nach Gardner die Begabung zum Komponieren und zum Musizieren, sie umfasst auch den Sinn für musikalische Prinzipien. Berühmte Beispiele für musisch Intelligente sind Bach, Mozart und Beethoven.

Die *logisch-mathemathische Intelligenz* ist die Fähigkeit, Probleme logisch zu analysieren, mathematische Operationen durchzuführen und wissenschaftliche Fragen zu untersuchen. Sie wird dementsprechend großen Mathematikern und Naturwissenschaftlern zugeschrieben.

Die *räumliche Intelligenz* beinhaltet den Sinn für das Erfassen der Strukturen großer Räume, aber auch eng begrenzter Raumfelder und lässt sich daher sowohl bei Piloten als auch bei Chirurgen, Schachspielern oder Bildhauern finden. Michelangelo und Picasso sind prominente Beispiele für räumlich Intelligente.

Die *körperlich-kinästhetische Intelligenz* ist die Fähigkeit, den Körper oder einzelne Körperteile zur Gestaltung von Produkten oder zur Problemlösung einzusetzen. Über diese Intelligenz verfügen sowohl Tänzer, Schauspieler und Sportler als auch Angehörige handwerklicher oder technischer Berufe. Als Beispiele werden Charlie Chaplin, Marlene Dietrich oder Michael Jordan genannt.

Die *naturkundliche oder naturalistische Intelligenz* sollen z. B. Einstein oder Darwin besessen haben. Man kann darunter die Fähigkeit verstehen, die Natur und ihre Phänomene zu erkennen, zu beobachten, zu unterscheiden und zu ordnen, wie sie für Förster, Botaniker, Biologen, Forscher etc. wichtig ist.

Interpersonale (oder soziale) Intelligenz ist die Fähigkeit, Absichten, Motive und Wünsche anderer Menschen zu verstehen und erfolgreich mit ihnen zu kooperieren. Von Bedeutung ist diese Intelligenz z. B. in Berufen wie Verkäufer, Lehrer, Arzt. Besonders mit dieser Intelligenz ausgestattet sollen Mahatma Gandhi und Mutter Teresa gewesen sein.

Die *intrapersonale Intelligenz* beschreibt die Fähigkeit, eigenes Empfinden zu erkennen und zu verstehen und dieses Wissen im Alltag zu nutzen.

Gardner geht also nicht von einer grundlegenden Problemlösefähigkeit aus und beschränkt sich auch nicht auf die klassischen intellektuellen Fähigkeiten wie das sprachliche und mathematische Verständnis. Während Anhänger der *g*-Faktor-Theorie beispielsweise die musikalische Begabung als Talent bezeichnen würden, betrachtet Gardner sie als Intelligenz. Dass in seinem Modell der Fokus von der allgemeinen Intelligenz weggerückt ist, wird oft gerade als besonders attraktiv empfunden. So gibt es bei Gardner denn auch nicht nur die intellektuell Hochbegabten, sondern ganz unterschiedliche Hochbegabte, den musikalisch Hochbegabten, den sozial Hochbegabten, den sprachlich Hochbegabten, den emotional Hochbegabten usw. Gardner nimmt an, dass es von Person zu Person verschiedene Begabungsprofile gibt.[12] Jemand kann aus seiner Sicht in einem Bereich durchaus sehr gering und in anderen Bereichen sehr hoch begabt sein.

Die Ergebnisse der Intelligenzforschung widersprechen dieser Ansicht jedoch: Die verschiedenen Begabungsbereiche sind nicht unabhängig voneinander. In der Regel schneidet derjenige, der allgemein gut begabt ist, auch mathematisch, sprachlich usw. nicht wesentlich schlechter ab. Beispielsweise sind besonders begabte Mathematiker im Regelfall auch allgemein und sprachlich gut begabt. Dass es Menschen gibt, die in einzelnen Bereichen große Probleme haben, ist kein Widerspruch dazu: Lese-Rechtschreib-Schwächen beispielsweise treten bei sehr unterschiedlichen Intelligenzhöhen auf. Sie sind kein Begabungsdefizit, sondern nach bisherigem Forschungsstand wahrscheinlich Folgen eines spezifischen phonologischen Defizits.[13]

Das bedeutet, dass sie beispielsweise verschiedene Laute nicht erkennen bzw. verwechseln. Besondere Stärken sind ebenfalls kein Beleg für die Unabhängigkeit verschiedener Begabungsbereiche. Spezielle Leistungsschwerpunkte bilden sich nicht nur aufgrund einer höheren Begabung, sondern auch durch besonderes Interesse sowie durch Förderung und Erwartungen des Umfelds.

So mag die in der Einleitung vorgestellte 13-jährige Gymnasiastin Lucie für Gardner eine sprachlich Hochbegabte sein. Ihre ohne Anstrengung erworbenen ausgezeichneten schulischen Leistungen zeigen aber, dass sie eine sehr gute allgemeine Grundbegabung (vielleicht sogar eine allgemeine intellektuelle Hochbegabung) hat. Dass sie in ihrer Freizeit gerne Geschichten und Gedichte schreibt und mehrfach mit Erfolg an regionalen Schreibwettbewerben teilgenommen hat, hat vielleicht auch damit zu tun, dass ihr Interesse gefördert wurde und sie womöglich Ermutigung und Bestätigung in der Schule oder zu Hause erfährt. Eventuell hat sie auch eine erfolgreich schreibende Tante, die ihr als Vorbild dient. Vielleicht wäre Lucie aber genauso an Mathematik interessiert gewesen, wurde jedoch in diesem Bereich weniger unterstützt, vielleicht sogar aufgrund des Vorurteils, Mädchen seien in Mathematik nicht begabt …

Dieses Beispiel verdeutlicht, was die Forschung vielfach belegt hat. Wer speziell begabt ist, ist in der Regel auch allgemein begabt, zeigt also wie Lucie auch in den anderen Fächern gute Leistungen. Und: Spezielle Fähigkeiten entstehen immer auch durch besonderes Interesse, durch Förderung, Unterstützung und Anerkennung!

Dies ist jedoch nicht der einzige Kritikpunkt an Gardners Theorie. Wie Klauer (2001, S. 284) außerdem darlegt, handelt es sich beim Konzept von Gardner um eine Vermischung von ganz unterschiedlichen Elementen, nämlich klassischen Intelligenzfaktoren (sprachlich, mathematisch, räumlich und »reasoning«/schlussfolgern, also das, was im hierarchischen Intelligenzmodell auf der zweiten Ebene zu finden ist), Talenten (musikalisch, körperlich-kinästhetisch [= Sport]) und neueren unscharfen »Konzepten« (nämlich intrapersonale = emotionale und interpersonale = soziale Intelligenz; s. u.).

Gardners Ansatz führt dazu, dass im Prinzip jeder Mensch in einem Bereich besonders begabt ist bzw. sich intelligent verhält, was von Gardner auch so gewünscht ist. Der Begriff »Intelligenz« wird dadurch aber massiv ausgedehnt, was ihm Genauigkeit nimmt.[14] Die Ausweitung des Intelligenzbegriffs führt zu einer Fülle von »Spezialhochbegabten«. So sind z. B. für Anhänger des Modells multipler Intelligenzen Kinderstars wie Macaulay Culkin und Shirley Temple hochbegabt.[15]

Gardners Konzept wurde meines Wissens bisher nicht solide wissenschaftlich überprüft.[16] Gardner (2002, S. 106) spricht zwar von einer empirischen Basis seiner Theorie, legt aber keine Belege dafür vor. Auch fehlen zuverlässig, genau und objektiv messende (den psychologischen Gütekriterien genügende) Verfahren zur Erfassung der »Intelligenzen« – schließlich will man die begabten Kinder ja auch erkennen und die Kinder weder unter- noch überfordern. Gardner selbst empfiehlt, neben der Intelligenztestung (also den altbewährten Intelligenztests, wie sie die Vertreter der klassischen Intelligenzkonzepte einsetzen) andere Auswahlmethoden für Hochbegabte einzusetzen: Wer mit Kindern zu tun hat (beispielsweise Lehrkräfte), soll Produkte und Leistungen des Kindes ansehen und die Motivation und den Umgang mit Materialien in sozialen oder Lern- und Spiel-Situationen beobachten.[17]

Diese grundlegende pädagogische Vorgehensweise (Beobachten und Fördern der erkannten Stärken) ist meines Erachtens selbstverständlich. Außerdem ist dies eher eine individuelle Förderung *aller* Kinder als eine Förderung Hochbegabter. Sicher ist es wünschens- und erstrebenswert, alle Kinder entsprechend ihren Talenten zu fördern, und dies kommt auch den intellektuell Hochbegabten zugute – ein spezifisches Eingehen auf diese besondere Gruppe ist es aber nicht. Im Gegensatz zu musikalischer oder sportlicher Förderung tut man sich aber bis heute mit der intellektuellen Förderung besonders Begabter oftmals noch schwer. Im Folgenden soll daher ausschließlich auf die Zielgruppe der allgemein intellektuell Hochbegabten und ihre Förderung eingegangen werden.

Der Vollständigkeit halber sei ergänzt, dass es diverse Modelle zu Intelligenz und Hochbegabung gibt und andere Autoren ebenfalls nicht-intellektuelle Begabungsbereiche postulierten. Alle Ansichten können hier nicht vorgestellt werden, jedoch sei noch auf zwei weit verbreitete Konzepte eingegangen: die besonders populäre »emotionale« sowie die ebenfalls beliebte »soziale Intelligenz«.

Emotionale Intelligenz

Mit »emotionaler Intelligenz« soll laut den Vertretern des Konzepts die Fähigkeit benannt werden, die eigenen Gefühle und die der anderen zu erfassen, zu steuern und vorteilhaft zu nutzen. Das Konzept wurde durch den Amerikaner Goleman (1995; deutsch 1996) bekannt; eigentlich stammt der Begriff von Salovey & Mayer (1990). Der ursprüngliche Begriff wurde jedoch von Goleman stark ausgeweitet: Die Vertreter dieses Konzepts gehen davon aus, dass es, um erfolgreich zu sein, nicht alleine ausreicht, intelligent zu sein. Wer seine Begabung nutzen will, muss in der Lage sein, seine Stimmungen, Gefühle und Bedürfnisse zu verstehen, zu akzeptieren und deren Wirkung auf andere einzuschätzen. Er muss sich für seine Arbeit begeistern, planvoll handeln, Kontakte knüpfen und tragfähige Beziehungen aufbauen und pflegen können. Er sollte imstande sein, das emotionale Befinden anderer Menschen zu verstehen und angemessen darauf zu reagieren.

Die Bedeutung der Emotionen für den Menschen ist unbestritten. Gefühle wirken auf unser Denken und Handeln, sie beeinflussen unser körperliches und seelisches Wohlbefinden. Sie helfen uns, angemessen auf Lebenssituationen zu reagieren. Wer auf seine Empfindungen achtet, versteht oft besser, was z. B. in einer Gesprächssituation gerade abläuft. Wer dann seine Gefühle dem Gegenüber angemessen mitteilen und wer auch die Emotionen des anderen richtig erfassen und einschätzen kann, vermag in geeigneterer Weise zu reagieren und Situationen oft schneller und besser zu meistern. Wer z. B. merkt, dass das Verhalten des Gegenübers ihn wütend macht, und in der Lage ist, dem anderen seine Wut angemessen zu kommunizieren, wird eher eine Reaktion erhalten, die zur Konfliktlösung führt. In Gesprächsführungstechniken werden diese Erkenntnisse gezielt genutzt. Die Förderung solcher Kompetenzen ist also ohne Zweifel für jeden Menschen wichtig.

Problematisch erscheint es jedoch, die Fähigkeit, angemessen mit Gefühlen umzugehen, als »Intelligenz« zu bezeichnen. Die psychologische Forschung hat gezeigt, dass Gefühle und Denken trennbar sind, auch wenn sie sich gegenseitig beeinflussen. Kritiker bemängeln, dass Goleman zu unterschiedliche Aspekte in sein Konzept aufnimmt und diese vermischt. Die einzelnen Bereiche, die Goleman integriert (z. B. Persönlichkeitseigenschaften), sind einzeln viel besser untersucht. Es ist nicht klar, ob sie überhaupt zu einem neuen Konzept zusammengefasst werden können bzw. wie sie in der von Goleman genannten Kombination zusammenwirken. Wissenschaftler werfen den Vertretern der Theorie der emotionalen Intelligenz vor, dass ihr Konzept den Ergebnissen bisheriger Studien deutlich widerspreche und sie keine Belege für ihre Theorie vorlegten. So ist beispielsweise nicht erwiesen, dass emotional intelligente Menschen im Leben wirklich erfolgreicher sind, wie dies oft behauptet wird. Es gibt zahlreiche Studien, die zeigen, dass die *allgemeine Intelligenz* den größten Teil z. B. des Schul- oder Berufserfolgs bedingt, andere Fähigkeiten tragen einen wesentlich kleineren Teil dazu bei.[18] Die Bedeutung der emotionalen Intelligenz ist nicht so groß, wie von ihren Autoren postuliert wird.

Die allgemeine Intelligenz hingegen ist sehr gut erforscht, sie ist klar definiert und messbar. Man kann feststellen, wie intelligent ein Mensch ist, und vorhersagen, wie gut er in der Schule voraussichtlich zurechtkommen wird. Ob jemand Gefühle in sozialen Situationen richtig einschätzen und darauf angemessen reagieren kann, lässt sich jedoch nicht zuverlässig und genau messen. Was es z. B. bedeutet, *angemessen* auf die Gefühle anderer zu reagieren, ist sehr häufig subjektiv und situationsabhängig.

Wissenschaftlich ist das Konzept der emotionalen Intelligenz also wenig akzeptiert, zu groß sind u. a. die Probleme mit den spärlichen theoretischen Grundlagen und der nur unzureichend gelingenden Erfassung; sein Nutzen ist kaum nachweisbar.[19]

Der Begriff der »emotionalen Intelligenz« kann folglich zwar dazu anregen, nicht nur die intellektuelle Begabung eines Menschen zu betrachten, sondern auch die Variablen zu sehen, die die Umsetzung in Leistung bedingen. Er kann daran erinnern, in der schulischen und beruflichen Bildung auch soziale Kompetenzen als wichtiges Lernziel zu betrachten. Denn natürlich beeinflusst z. B. die momentane Stimmung unsere Leistungsfähigkeit, und ein sozial inkompetenter Mensch wird Schwierigkeiten haben, in der Schule und im Beruf zurechtzukommen. Aber: Die Förderung entsprechender Kompetenzen sollte man nicht als Förderung einer emotionalen »Intelligenz« verkaufen. In der Regel werden, wie gesagt, in entsprechenden Büchern und Kursen bekannte Konzepte zusammengefasst. Gezielte Programme zur Förderung sozialer Kompetenzen oder Kurse zum Erwerb von Gesprächsführungstechniken sind oft fundierter und ihr Nutzen ist meist besser belegt.

Soziale Intelligenz

Ähnliches gilt für die »soziale Intelligenz«, womit meist die Fähigkeit gemeint ist, Menschen zu verstehen und mit ihnen in angemessener Weise umzugehen. Obwohl es Forschung hierzu gibt, ist immer noch nicht klar, wie man soziale Intelligenz genau definieren, abgrenzen und erfassen kann. Es ist davon auszugehen, dass sie kein eigenständiges Konzept ist, sondern eher die Anwendung der allgemeinen Intelligenz in sozialen Situationen. Allgemein sehr Intelligente sind häufig auch »sozial intelligent«, da sie durch ihre Fähigkeit, Zusammenhänge zu erkennen, soziale Situationen schnell und gut einordnen können.[20]

Die Fähigkeit, sich sozial angemessen zu verhalten, wird in der Wissenschaft jedoch nicht als Intelligenz, sondern als *Kompetenz* bezeichnet. Dies drückt aus, dass in diesem Bereich auch Lernmöglichkeiten vorhanden sind: Sich in sozialen Situationen angemessen zu verhalten, Konflikte zu lösen, Gespräche zu führen usw. ist durchaus erlernbar. Daher ist das Konzept »soziale Intelligenz« irreführend und wenig hilfreich. Besser ist es, von »sozialer Kompetenz« zu sprechen.

Eine Vielzahl von Buchtiteln verweist auf die Existenz weiterer angeblicher »Intelligenzen«. Doch eigentlich geht es hierbei nicht um Intelligenz, sondern vielmehr um einen Ausbau von Kompetenzen, um z. B. seinen beruflichen Erfolg zu steigern. Aus diesem Grund sollen diese »Intelligenzen« hier nicht besprochen werden.

Die Ausgrenzung all dieser Kompetenzen aus dem Bereich der Intelligenz sollte keinesfalls als Abwertung verstanden werden. Auch sie gehören zum Menschen und nur das Zusammenspiel verschiedener Talente und Fähigkeiten sowie anderer Persönlichkeitsvariablen (Interessen, Temperament etc.) machen den Menschen individuell. Sie sollten nur klar von Intelligenz getrennt werden.

> Multiple Intelligenzen und erweiterte Intelligenzkonzepte wie emotionale und soziale Intelligenz erscheinen zwar attraktiv, besitzen jedoch keine ausreichende wissenschaftliche Grundlage und keinen wesentlichen zusätzlichen praktischen Nutzen, um eine Alternative zu den klassischen Intelligenztheorien zu sein.

Der Intelligenzquotient

Die Leistung in einem Intelligenztest wird in der Regel in einem einheitlichen Maß angegeben, dem Intelligenzquotienten. Das Kind oder der Erwachsene bearbeitet eine Reihe von unterschiedlich schwierigen Denkaufgaben. Meist geht es darum, möglichst viele der in der Regel immer schwieriger werdenden Aufgaben zu lösen, teilweise wird dabei auch ein (besonders) schnelles Lösen verlangt. Es geht also um die Effektivität und Schnelligkeit des Denkens, nicht um besonders kreative, außergewöhnliche Lösungen.

Da die Anzahl richtig gelöster Aufgaben (z. B. 10 von 17 richtig gelöste Aufgaben in der vorgegebenen Zeit) noch keine Beurteilung ermöglicht, ob dies eine herausragende oder eine durchschnittliche Leistung ist, wird anschließend ein Vergleich durchgeführt: Der Einzelleistung werden die Ergebnisse einer sehr großen, idealerweise aus ganz Deutschland stammenden Vergleichsgruppe gegenübergestellt. Die individuelle Leistung der Person, meist die Anzahl richtig gelöster Aufgaben, wird in Beziehung zu den durchschnittlichen Leistungen der Vergleichsgruppe gesetzt. Als Vergleichsmaßstab dient in der Regel die Altersgruppe. Tests für das Schulalter verfügen oft zusätzlich über Klassennormen, d. h. Vergleichsgruppen, die nach Klassenstufen eingeteilt werden. Für die weiterführende Schule wird zum Teil auch noch zusätzlich mit dem besuchten Schultyp verglichen (z. B. 7. Klasse Gymnasium). Das Ergebnis wird als Intelligenzquotient oder IQ ausgedrückt. Der IQ ist also ein Wert für die individuelle Leistung im Vergleich zu einer bestimmten Gruppe.

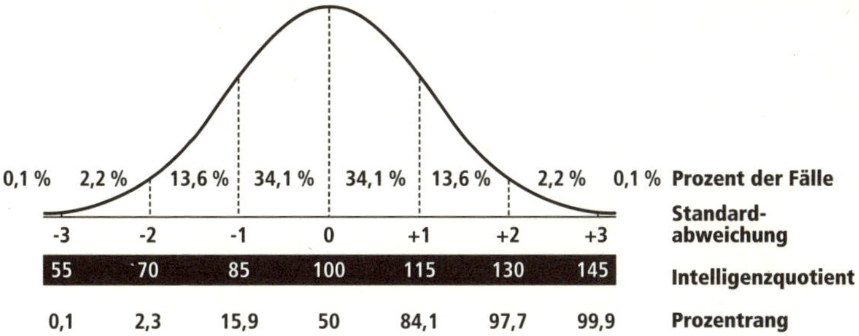

Abb. 2: Normalverteilung; angegeben werden die IQ-Werte und Prozentränge sowie Standardabweichungen und der jeweilige Prozentanteil unter der Kurve

Der IQ besitzt einen Mittelwert von IQ = 100 und (dies gilt für fast alle Intelligenztests) eine Standardabweichung von IQ = 15, der Durchschnittsbereich umfasst also IQ = 85 bis IQ = 115. Die meisten Menschen, nämlich 68 Prozent, haben eine Begabung im durchschnittlichen Bereich. Je höher und je niedriger die Begabung, desto seltener tritt sie auf. Ab einem IQ = 115 spricht man von »überdurchschnittlicher Begabung«. Diejenigen, die einen IQ = 130 oder höher aufweisen, werden in der Regel als »hochbegabt« bezeichnet. Dies sind nur 2 Prozent der Vergleichsgruppe. Der Prozentrang drückt aus, wie viel Prozent der anderen die betreffende Person hinter sich lässt. Ein Kind mit IQ = 130 lässt, da es zu den 2 Prozent Besten seines Alters gehört, 98 Prozent der Altersgruppe hinter sich. Eine Person mit PR = 50 befindet sich definitionsgemäß genau in der Mitte: 50 Personen von 100 zeigen schlechtere Leistungen in diesem Test, die anderen 50 Prozent sind genauso gut oder besser. (Genaueres zur Intelligenztestung s. S. 49 ff.)

> Der Intelligenzquotient gibt die individuelle Leistung einer Person im Intelligenztest im Vergleich zu einer bestimmten Gruppe, z. B. den Gleichaltrigen, an.

Was ist Hochbegabung?

»In seiner allgemeinen Bedeutung bezieht sich das Konstrukt Hochbegabung auf die weit überdurchschnittliche Ausprägung von Personenmerkmalen, die Individuen – verglichen mit Gleichaltrigen – zu reliablen Spitzenleistungen oder zu populationsstatistisch seltenen Handlungserfolgen befähigt.«

Dieses Zitat aus Langfeld & Tent (1999, S. 190) drückt aus, was sich viele unter Hochbegabung vorstellen: Wer hochbegabt ist, sollte ein Merkmal (nämlich die Begabung) besitzen, das im Vergleich zu anderen – in diesem Fall Menschen, die genauso alt sind – deutlich über dem Durchschnitt liegt. Dieses Merkmal, also die Begabung, soll es ihm ermöglichen, Spitzenleistungen oder für die Vergleichsgruppe als selten anzusehende Erfolge zu erreichen. Diese Spitzenleistungen oder Erfolge sollten nicht nur als einmaliger Zufallstreffer, sondern regelmäßig auftreten. Die Zuverlässigkeit, mit der eine Leistung immer wieder in ähnlicher Höhe beobachtet und gemessen werden kann, wird mit dem Fachausdruck *Reliabilität* bezeichnet.

Die Wissenschaft hat sich nun damit beschäftigt, was dieses Merkmal sein könnte, wie man es messen kann und was mit »selten« bzw. »Spitzenleistungen« gemeint ist. Über die Definition von Hochbegabung herrscht jedoch keine Einigkeit – es gibt Definitionsvorschläge wie Sand am Meer. Neben der gängigen Weise, Hochbegabung über einen hohen Intelligenzquotienten zu bestimmen, ist das Zusammensetzen mehrerer Definitionsvariablen zu einem »Hochbegabungsmodell« beliebt. Auf den folgenden Seiten bespreche ich einige der geläufigsten Definitionen von Hochbegabung sowie spezielle Hochbegabungsmodelle.

Hochbegabungsdefinitionen

Bei meiner Auswahl von Hochbegabungsdefinitionen orientiere ich mich an den Definitionsklassen von Lucito.[21] Lucito versuchte die Flut der Definitionen zu ordnen und bildete mehrere Gruppen. Davon möchte ich die wichtigsten vorstellen:

- IQ-Definitionen
- Prozentsatzdefinitionen
- Kreativität
- Ex-post-facto-Definitionen/Post-hoc-Definitionen

IQ-Defintionen und Prozentsatzdefinitionen

Wohl am meisten genutzt – und gleichzeitig höchst umstritten – ist die *Definition über den IQ*. Hochbegabung als hohe Ausprägung der allgemeinen Intelligenz zu definieren ist im In- und Ausland üblich und hat eine lange Tradition.[22] So wird intellektuelle Hochbegabung beispielsweise im Dorsch Psychologischen Wörterbuch[23] als »eine sehr hohe Ausprägung der allgemeinen Intelligenz im Sinne einer individuellen Disposition«, also Anlage, definiert (Stapf & Stapf, 1998, S. 358). Üblicherweise wird ein IQ = 130, d. h. ein IQ von zwei Standardabweichungen über dem Mittelwert 100, als Grenzwert für Hochbegabung festgelegt. Ein Wert ab IQ = 130 liegt weit über dem Durchschnitt und tritt sehr selten auf. Dass der Grenzwert bei 130 liegt, ist eine Konvention – es ist nicht erwiesen, dass Menschen ab einem IQ dieser Höhe »anders« denken. Es ist eine reine Vereinbarung, ab diesem Wert von »Hochbegabung« zu sprechen, aber er ist allgemein anerkannt. Solch eine genaue Grenzsetzung ist vor allem in der Forschung wichtig. In der Schule sollte natürlich keinem Kind mit einem weit überdurchschnittlichen Intelligenzquotienten wie z. B. IQ = 127 eine Förderung verwehrt werden, weil es nicht per definitionem hochbegabt ist.

An dieser Definition über den IQ wird oft die Kritik geübt, man erfasse nur einen Teil der Person, was teilweise zu den (weiter unten besprochenen) mehrfaktoriellen Modellen geführt hat. Auch wurde die Frage gestellt, ob es Sinn macht, »die Psyche zu vermessen«. Um jedoch ein Kind oder einen Erwachsenen fair zu beurteilen (d. h. ihn z. B. nicht aufgrund von Vorurteilen gegenüber seiner Herkunft falsch einzuschätzen), ist der Intelligenztest gut geeignet: Er wurde so entwickelt, dass alle unter gleichen (objektiven) Bedingungen Aufgaben bearbeiten und mit einer sorgfältig ausgewählten Gruppe verglichen werden. Auch wird darauf geachtet, dass der Test zuverlässig ist, also heute, morgen und in mehreren Monaten sehr ähnliche Einschätzungen trifft.

Es stehen eine Reihe guter Tests zur Messung der Intelligenz zur Verfügung. Diese Tests messen, wie oben beschrieben, zuverlässig (= reliabel) und auch das, was sie sollen (sie sind also gültig = valide), d. h., sie können z. B. gut vorhersagen, ob ein Schüler die nötige Begabung aufweist, um das Gymnasium intellektuell zu bewältigen (= prognostisch valide, gute Vorhersagekraft. Dies gilt besonders im Vergleich zu Konzepten bzw. Modellelementen wie »Kreativität«.). Vorteil der Identifikation über den IQ ist also neben der guten Erfassbarkeit und Vergleichbarkeit vor allem die gute Reliabilität (Zuverlässigkeit) und (prognostische) Validität (Gültigkeit) dieses Kennwertes. Man hat bisher außerdem keinen qualitativen Unterschied zwischen dem Denken Nichthochbegabter und Hochbegabter (z. B. im Sinne eines vernetzteren oder ganzheitlicheren Denkens) nachgewiesen, sodass diese quantitative Definition sinnvoll und praktikabel erscheint. So lassen sich viele Kritikpunkte an der Intelligenzmessung entkräften. Der an weitergehenden Informationen interessierte Leser sei auf Eysenck (2004) verwiesen – häufige Kritikpunkte am IQ und entsprechende Gegenargumente werden dort ausführlich besprochen.

Verwandt mit den IQ-Definitionen sind die *Prozentsatzdefinitionen,* die einen bestimmten Prozentsatz als hochbegabt einstufen. Ein IQ ≧ 130 entspricht nach der Normalverteilung der Zugehörigkeit zu den obersten zwei Prozent der Intelligenzverteilung. In diesem Fall überschneiden sich die beiden oben genannten Definitionen; es gibt jedoch auch Gruppen, die einen anderen Prozentsatz festlegen und z. B. die zehn Prozent Intelligentesten als hochbegabt einstufen. Theoretisch kann das Kriterium der Prozentsatzdefinition aber auch in der Leistung in einem bestimmten (auch nicht-intellektuellen) Bereich liegen. Für einen Klavierwettbewerb würde man beispielsweise die (nach Expertenmeinung) zehn Prozent besten Klavierspieler des Jahrgangs auswählen. Denkbare Auswahlbereiche sind alle, in denen Leistung gemessen/beurteilt werden kann (z. B. durch Noten oder Expertenurteil).

Da, wie bereits erwähnt, keine qualitativen Unterschiede zwischen dem Denken Hochbegabter und Nichthochbegabter gefunden werden konnten, ist es mittlerweile üblich, im Rahmen der Auswahl der Teilnehmer von Förderprogrammen (oder von Forschungsprogrammen) einen quantitativen Grenzwert zu setzen.

Hochbegabung wird in der Regel als weit überdurchschnittliche Ausprägung der allgemeinen Intelligenz definiert, ab einem IQ $\geqq$ 130 wird von »intellektueller Hochbegabung« gesprochen. Dies entspricht einer Zugehörigkeit zu den zwei Prozent Intelligentesten.

Kreativität
Vielfach wurde kritisiert, dass die Definition über den IQ zu eng sei und nur schlussfolgerndes Denken umfasse, nicht aber das Produzieren neuer, unkonventioneller Ideen. Die Kreativität wurde daher in einige Hochbegabungsdefinitionen aufgenommen. Demnach ist (auch) derjenige hochbegabt, der originelle neue Dinge schaffen kann. Das Konzept »Kreativität« birgt allerdings verschiedene Probleme, die seine Aufnahme in die Hochbegabungsdefinition wenig sinnvoll erscheinen lassen. Trotz langjähriger, umfangreicher Forschung (zur kreativen Person, zum Entstehungsprozess kreativer Ideen und zum kreativen Produkt) ließen sich die nachfolgend beschriebenen Fragen und Schwierigkeiten nicht klären.[24]

Ein Problem ist, dass es zu viele verschiedene Vorstellungen und Definitionen davon gibt, was Kreativität eigentlich ist. Bei Kreativität fallen sicher jedem Beispiele von Dingen oder Menschen ein, die man sehr kreativ nennen würde. Doch wie beurteilt man z. B., ob ein Kunstwerk tatsächlich eine kreative Leistung ist, es wirklich originell, die Idee wirklich neu ist und wie gut sie ist? Und wer beurteilt dies? Muss ein kreatives Produkt auch einen gewissen Nutzen haben oder als wertvoll angesehen werden können? Diese Fragen können bisher nicht (einheitlich) beantwortet werden.

Man ist kaum in der Lage, Kreativität zu fassen und zu messen. Es existieren zwar ca. 300 Verfahren zur Messung von Kreativität,[25] jedoch sind diese aus verschiedenen Gründen oft nur eingeschränkt brauchbar. Entsprechende Tests messen z. B. nicht immer denselben Aspekt von Kreativität. Daher ist es fraglich, ob derjenige, der in einem Test gut abschneidet, in einem anderen Kreativitätstest ebenfalls gut wäre. Vor allem ist fraglich, ob er solch kreative Leistungen, wie sie uns vorschweben, bei einem hohen Testergebnis wirklich häufiger und auch in Zukunft zeigen würde.[26] Denn die Testergebnisse hängen nicht unbedingt mit zukünftigen kreativen Leistungen zusammen. Auch ein Rückschluss von Produkten (Bildern etc.) auf kreative Fähigkeiten ist kaum möglich, sodass dies keine Alternative darstellt, um kreative Personen auszusuchen. Die Ergebnisse in Kreativitätstests hängen darüber hinaus oft so stark mit der allgemeinen Intelligenz zusammen, dass sie kaum etwas Eigenes messen. Wer im Intelligenztest gut ist, wird im Kreativitätstest kaum schlecht abschneiden.

Umgekehrt heißt das: Wer sehr kreativ ist, ist meist ebenfalls intellektuell mindestens gut begabt. Daher ist es korrekter, statt eines fehlerbehafteten Kreativitätstests einen der wesentlich besser erprobten Intelligenztests zu verwenden. Dies wird überall in der Hochbegabungsdiagnostik auch so praktiziert (übrigens auch von Vertretern mehrdimensionaler Modelle).

Zusätzlich ist das Konstrukt »Kreativität« im Verlauf der Entwicklung instabil, d. h., dass jemand, der aktuell sehr kreativ ist, dies zukünftig nicht unbedingt sein muss. Des Weiteren hat es sich gezeigt, dass Kreativität vermutlich nicht allein durch eine entsprechende Begabung entsteht, sondern kreative Leistungen auch Fachwissen, Selbstbewusstsein, Ausdauer, Initiative, Offenheit und Gelegenheiten benötigen. Weitere Variablen werden diskutiert und erforscht.

Wie Hany (2001, S. 283 f.) resümiert, vermag der gegenwärtige Stand der psychologischen Forschung zur Kreativität weder die Entstehung kreativer Leistungen zu erklären noch sie hinreichend genau vorherzusagen noch sie aktiv herbeizuführen. Der Nutzen einer Definition von Hochbegabung über die Kreativität ist folglich gering.

Genies und Ex-post-facto-Definitionen

Als *Genies* werden in der Regel Menschen bezeichnet, die überragende bzw. außerordentliche Leistungen gezeigt haben. Meist wird solch ein Urteil im Nachhinein (»ex post facto« oder »post hoc«) gefällt, also wenn eine oder oftmals zahlreiche außergewöhnliche Leistungen bekannt und (zum Teil auch erst nach dem Tod der Person) von vielen als beachtungswürdig eingestuft werden. Ex-post-facto-Definitionen oder Post-hoc-Definitionen erklären dementsprechend diejenigen zu Hochbegabten, die man nachträglich aufgrund ihrer Leistung als herausragend einschätzen würde.

Die Bezeichnung »Genie« bezieht sich nicht unbedingt auf einen besonders hohen IQ – auch wenn man oft auf eine sehr gute Intelligenz schließt –, sondern auf die im Nachhinein als außergewöhnlich zu bezeichnende Arbeit oder Idee. Solche Einstufungen sind subjektiv und werden von verschiedenen Faktoren beeinflusst (Bekanntheitsgrad der Person, Werte der Gesellschaft etc.), sie sind daher kein adäquates Mittel zur (frühen) Identifikation von Begabten.

> Die Definition über den Intelligenzquotienten erweist sich als anderen Definitionen deutlich überlegen.

Hochbegabungsmodelle

Im vorangehenden Abschnitt wurden verschiedene Definitionskriterien für Hochbegabung vorgestellt. Neben der Definition von Hochbegabung über einen Faktor (z. B. allgemeine Intelligenz oder Kreativität) gibt es auch Modelle, in denen mehrere Kriterien kombiniert werden. Alternative Konzeptionen beziehen in der Regel mehrere Begabungsbereiche ein und nehmen auch Einflussfaktoren der Entstehung außergewöhnlicher Leistungen mit in das Modell auf. Hochbegabung wird in diesen Modellen also über mehrere Variablen definiert.

Im deutschsprachigen Bereich werden (neben dem *g*-Faktor-Modell) vor allem drei Modellvorstellungen für Forschung und Beratung im Bereich »Hochbegabung« verwendet. Sehr bekannt sind das Modell von *Renzulli* und seine Erweiterung von *Mönks*. Das Modell von *Heller* et al. wurde im Verlauf einer der beiden deutschen Längsschnittstudien erstellt. Nachfolgend sollen diese Modelle vorgestellt werden.

Das »Drei-Ringe-Modell« von Renzulli

Für Renzulli ist Hochbegabung nicht mit hoher allgemeiner Intelligenz gleichzusetzen. Er interessierte sich vor allem dafür, wie sich außergewöhnliche Leistungen entwickeln. Nach Renzulli (1978) entsteht Hochbegabung – hier als *Leistung* angesehen – durch eine *jeweils* hohe Ausprägung in drei Bereichen (s. Abb. 3):

- überdurchschnittliche intellektuelle Fähigkeiten (*above average [general] ability*),
- Kreativität (*creativity*),
- Aufgabenverpflichtung (*task commitment*), auch als leistungsorientierte Arbeitshaltung übersetzt.[27]

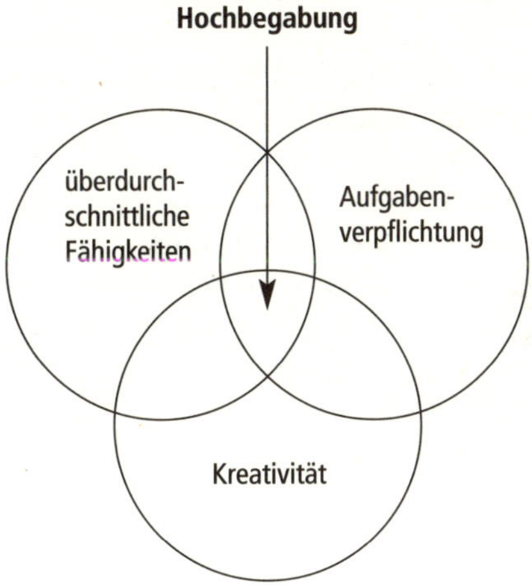

Abb. 3: Das »Drei-Ringe-Modell« von Renzulli (nach Mönks & van Boxtel, 1985, S. 279)

Der Autor betont, kein Einzelbereich alleine reiche für die Bezeichnung »Giftedness«, also Hochbegabung, aus, sondern das Zusammenspiel der Bereiche sei das Entscheidende für das Hervorbringen außergewöhnlicher Leistungen. Alle Bereiche seien gleich wichtig (»equal partners«). Renzulli hebt hervor, dass die intellektuellen Fähigkeiten nicht notwendigerweise überragend (»superior«) sein müssten (Renzulli & Smith, 1980). Hochbegabt ist nach Renzulli, wer eine hohe Ausprägung in allen drei Bereichen *besitze oder sie entwickeln und in irgendeinem möglicherweise wertvollen Bereich anwenden könne* (Renzulli, 1978). Die Hochbegabung hänge von der Interaktion des Menschen mit der Umwelt ab. Man werde nicht mit Hochbegabung geboren, sondern ein Mensch »entfaltet hochbegabtes Verhalten« (S. 5).

Renzulli rückt mit seinem Modell bewusst nicht nur die im klassischen Sinne Hochbegabten, also nicht nur die allgemein Hochintelligenten in den Blickpunkt. Menschen können aus Renzullis Sicht in ganz verschiedenen Bereichen hochbegabt und gleichzeitig in anderen Bereichen nicht hochbegabt sein. Dementsprechend richten sich Renzullis Fördervorschläge im Prinzip an (fast) alle Kinder.

Dass bei der Umsetzung dieser Modellvorstellung bewusst viele Kinder gefördert wurden, erscheint zunächst sympathisch. Wer in einem Bereich besondere Leistung zeigt, wird dort auch gefördert. Dies ist einerseits positiv, andererseits erfolgt die Förderung auch nur, solange das Kind die besondere Leistung und Motivation zeigt. Dies geschieht z. B. dann, wenn sein Spezialgebiet angesprochen wird. Zeigt das Kind gerade keine Leistung, wird es auch nicht gefördert.

Bei diesem Modell handelt es sich daher in erster Linie um ein *Leistungsmodell.* Hochbegabung ist demnach nicht hohe Potenz (prinzipielle Leistungsfähigkeit), sondern hohe Performanz (tatsächliche Leistungserbringung), auch wenn Renzulli diejenigen, die hohe Ausprägungen entwickeln können, nicht explizit ausschließt. Begabung ist hier »dynamisch«, also im Sinne beobachtbaren Verhaltens definiert.[28]

Da Renzulli vom sichtbaren hochbegabten Verhalten ausgeht, grenzt er die »Unauffälligen« von der Förderung aus. Das Modell impliziert also, dass derjenige, der seine Begabung nicht zeigt, auch nicht gefördert wird.[29] Dadurch werden alle intellektuell hochbegabten Schüler, die keine leistungsorientierte Arbeitshaltung aufweisen (wie die sogenannten *Minderleister* oder *Underachiever*, also Schüler, die trotz guter Begabung nur schwache Schulleistungen zeigen; vgl. S. 110 ff.), ausgeschlossen. Dies ist jedoch nicht sinnvoll: Für die (Beratungs- und Förder-)Praxis ist es sogar hoch problematisch, da gerade die Minderleister und ihre Eltern oft Beratung und Hilfe suchen und brauchen.

Genauso wenig brauchbar ist das Modell in der Forschung: In einer auf einem derartigen Modell beruhenden Studie wird nur eine Aussage über eine (positiv entwickelte) Teilgruppe getroffen.

Eine Auswahl der zu fördernden Kinder über den Intelligenzquotienten dagegen sucht alle Kinder mit herausragendem Potenzial aus, egal, ob sie sich in einem Themengebiet gerade auskennen und engagieren oder nicht. Kinder, die aktuell weniger motiviert oder nicht so leistungsstark sind, werden deshalb nicht vernachlässigt. Zur genauen Bestimmung, ob ein Mensch ein sehr hohes Potenzial hat (z. B. weil er gefördert, aber auch nicht überfordert werden soll), hilft das Renzulli-Modell nicht weiter.

Da Renzulli die Definition über die allgemeine Intelligenz ablehnt, sieht er auch die Intelligenztestung als Auswahlkriterium kritisch. Ein Problem des Modells ist aber, dass unklar ist, auf welche Weise die zu fördernden Kinder stattdessen zuverlässig ausgewählt werden können. Die Modellbestandteile Kreativität und Aufgabenverpflichtung sind dazu wenig geeignet: Mit der Kreativität verwendet Renzulli ein – wie schon erläutert – umstrittenes und schwer messbares Konstrukt: Ist die vom Kind gezeigte Leistung wirklich außergewöhnlich originell? Auch der Bereich Arbeitshaltung ist schwer zu erfassen: Setzt der Autor für die Identifikation einen Motivationstest voraus oder werden Berichte von Eltern und/oder Lehrkräften gesammelt? Und wie genau sind solche Angaben der Eltern und Lehrkräfte und gar des Jugendlichen selbst? Indiz für die Umsetzungsprobleme des Modells ist außerdem, dass Renzulli auf der einen Seite das traditionelle Identifikationsinstrument Test und die Auffassung einer statischen Begabung ablehnt, gleichzeitig aber vorschlägt, 50 Prozent der zu fördernden Schüler per Test auszuwählen.[30]

Da zudem nicht festgelegt ist, ab welchem Wert (unabhängig vom Problem des Messens) eine »hohe Ausprägung« vorliegt, ist unklar, ab wann eine Person als hochbegabt gilt. Ein weiteres Problem besteht darin, dass der Autor nicht erklärt, wie die Bestandteile des Modells zusammenwirken sollen. Muss in allen Bereichen derselbe Prozentrang erreicht werden oder sollte man z. B. die intellektuelle Begabung stärker gewichten? Mönks (1991), der das Modell ergänzte, gibt nur an, dass die IQ-Werte »im Allgemeinen im Bereich der obersten zehn Prozent« liegen (S. 236). Renzulli betont, dass der intellektuelle Bereich in der Identifikation bisher zu stark gewichtet worden sei, und nennt die drei Bereiche »gleichwertige Partner«.[31]

Dass die Umsetzung des Modells schwierig ist, zeigt ein Rechenbeispiel, das bei Rost, Sparfeldt & Schilling (2006, S. 192) nachzulesen ist: Möchte ich z. B. 50 besonders begabte Kinder fördern und unter Berücksichtigung von *drei* Merkmalen (also nach einem Hochbegabungsmodell mit drei Variablen wie dem von Renzulli) die zehn Prozent Besten auswählen, so muss ich 7198 Kinder testen. Möchte ich gar nur die fünf Prozent Besten auswählen, so benötige ich eine Ausgangsstichprobe von 28 918 Kindern! In der Realität wird dies schwer umsetzbar sein, sodass mehrdimensionale Modelle sowohl in der Forschung als auch in der Begabtenidentifikation und -förderung wohl nie konsequent umgesetzt werden können.

Das Renzulli-Modell hat allerdings durchaus zu Vorschlägen geführt, wie Identifikation und Förderung aussehen könnten. Renzulli selbst beschreibt eine Identifikationsstrategie für Förderangebote, die er als »Drehtürmodell« bezeichnet. Er bestimmt einen »Talentpool« von z. B. 25 Prozent nicht notwendigerweise Hochbegabten, aus dem jeweils fünf Prozent der Kinder zum aktuellen Zeitpunkt eine Förderung (ein Zusatzprojekt) erhalten. Durch Beobachtung der Erzieher wird aktuell bestimmt, wer aus welchen Gründen hochbegabt ist. Renzulli wählt also jeweils die Schülerinnen und Schüler aus, die im aktuellen Unterrichtsthema die gewünschte Kriterienkombination aufweisen. Begabt ist demnach, wer aktuell begabtes Verhalten zeigt.

Es existieren Materialien zur Identifikation nach diesem Modell, jedoch keine (im Sinne der psychologischen Gütekriterien) brauchbaren und verlässlichen Instrumente zur Auswahl der Hochbegabten, die z.B. mit der Qualität von Intelligenztests vergleichbar wären. Eine Auswahlstrategie im Sinne Renzullis ist sehr anfällig für Beurteilungsfehler, z.B. Fehler der Art, dass eher ein angepasstes als ein schwieriges Kind als begabt eingestuft wird. So ist die Gefahr, dass sich Erzieher bei der Auswahl der zu fördernden Kinder irren und ein Kind übersehen oder ein anderes überfordern, deutlich größer als bei einer Auswahl über einen Intelligenztest.

Schließlich werden durch eine derartige Förderstrategie außerdem isolierte Leistungsbereiche besonders betont – und dies ist von Renzulli auch so gewollt. Es handelt sich daher mehr um Stärken- und Interessenförderung als um Begabungsförderung.

Renzullis Strategie mag in der Praxis hoch akzeptiert sein, wahrscheinlich vor allem, da viele Kinder gefördert werden – eine spezielle Hochbegabtenförderung ist dies nicht. Darüber hinaus ist die empirische Basis des Modells gering und das Modell nur schwer überprüfbar.[32]

Im Renzulli-Modell wird Hochleistung als Produkt des Zusammenwirkens von überdurchschnittlichen Fähigkeiten, Kreativität und Motivation definiert. Das Modell gibt Anregungen für die allgemeine Begabungsförderung, ist aber kein Hochbegabungsmodell im eigentlichen Sinne. Zu kritisieren ist u. a., dass es keine messbaren Identifikationskriterien benennt.

Das »Triadische Interdependenzmodell« von Mönks
Mönks ergänzte das »Drei-Ringe-Modell« Renzullis um die drei Bereiche »Familie«, »Schule« und »Peers«, um so das soziale Umfeld und die soziale Kompetenz zu betonen (s. Abb. 4).[33] Er sieht Hochbegabung ebenfalls als *Verhalten* und das Modell als *Bedingungsmodell für dessen Entwicklung*.

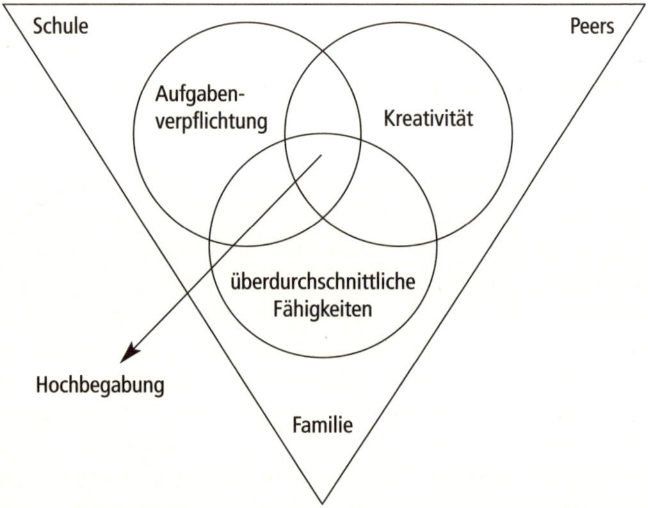

Abb. 4: Das »Triadische Interdependenzmodell« von Mönks (nach Mönks & van Boxtel, 1985, S. 283)

Dieses Modell ist sicherlich (z. B. in der Elternberatung) anschaulich, da Mönks Bereiche mit aufnimmt, deren Bedeutung für eine gesunde Entwicklung niemand abstreiten würde. Selbstverständlich bezieht ein geschulter Berater das Lebensumfeld des Kindes in seine Beratung mit ein. Bei genauerem Hinsehen bleiben jedoch die Modellelemente unklar und geben keine genauen Hinweise für die Identifikation und Förderung Hochbegabter: Es bleibt unbestimmt, was beispielsweise mit »Schule« gemeint ist (Lehrkräfte? Unterricht?). Auch die Bezeichnung »Peers« (also die sozialen Kontakte des Kindes, meist die Gleichaltrigen) ist ungenau und lässt sich nicht vom Bereich »Schule« trennen, da die Peers sicherlich bei den meisten Kindern auch in der Schule anzutreffen sind (Mönks & van Boxtel, 1985, S. 285, sprechen von *sowohl innerhalb als auch außerhalb* der Schule).

Das Modell ist bei aller Anschaulichkeit ebenso kritisierungswürdig wie das Modell von Renzulli.[34] Es ist ebenfalls wissenschaftlich kaum überprüfbar und in der Praxis nur begrenzt einsetzbar. Dies zeigt auch hier ein Rechenbeispiel: Bei der Annahme einer leicht überdurchschnittlichen Ausprägung (Prozentrang PR > 75) in jedem der sechs Bereiche findet man nur einen Hochbegabten unter rund 5000.[35] Bezieht man also die von Mönks genannten Modellelemente in eine Auswahlprozedur mit ein, so wird man kaum Hochbegabte finden bzw. muss eine riesige Zahl Heranwachsender testen, um eine kleine Gruppe Hochbegabter unter ihnen zu finden.

> Die Erweiterung des Renzulli-Modells zum »Triadischen Interdependenzmodell« muss sich ähnlicher Kritik stellen wie das Grundmodell. Die Erweiterungsbereiche »Schule«, »Familie« und »Peers« sind für die Entwicklung allgemein wichtig und bringen daher keinen zusätzlichen Erkenntnisgewinn.

Das Münchner (Hoch-)Begabungsmodell von Heller

Heller entwarf im Rahmen seiner Längsschnittstudie (»Münchner Hochbegabungsprojekt«[36]), in der er ursprünglich »Formen« der Hochbegabung identifizieren und erforschen wollte,[37] ein eigenes Hochbegabungsmodell (s. Abb. 5).[38] Heller vertritt einen weiter gefassten Begabungsbegriff: Er nimmt an, dass sich Hochbegabung u. a. im intellektuellen, kreativen, sozialen, musikalischen und/oder psychomotorischen Bereich äußern kann.[39] Neben dem Einfluss der Begabung sei die Leistung in den unterschiedlichen Bereichen durch Persönlichkeitsmerkmale (z. B. Motivation) sowie familiäre und schulische Sozialisationsfaktoren (Familienklima, Instruktionsqualität etc.) bestimmt.

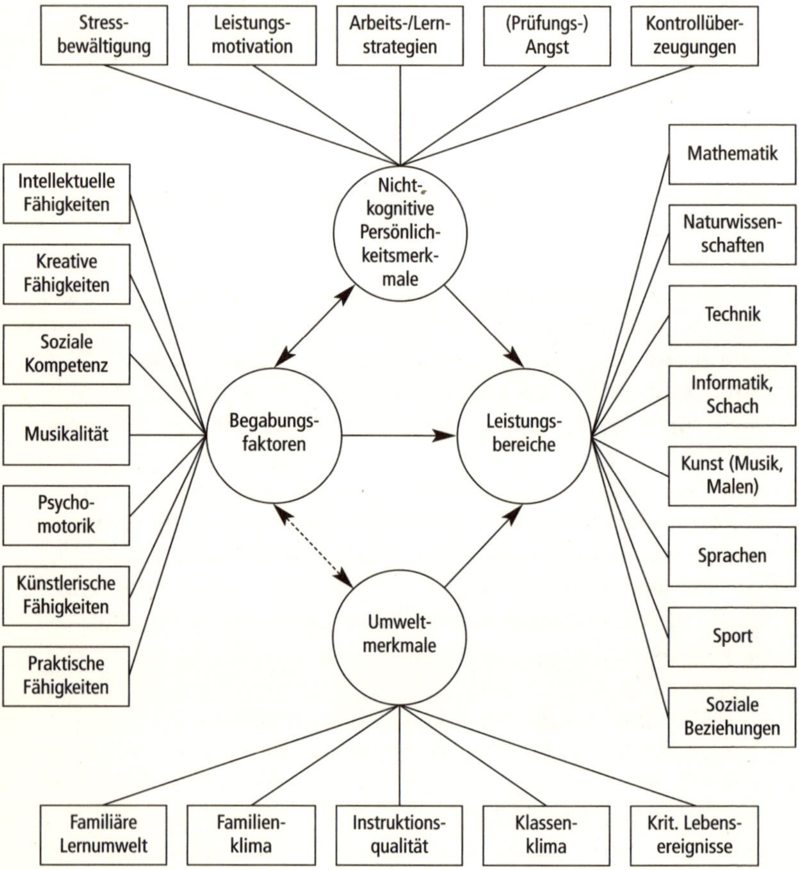

Abb. 5: Das Münchner (Hoch-)Begabungsmodell (Heller, 2001, S. 24)

Das Modell veranschaulicht, dass Leistung durch sehr unterschiedliche Faktoren beeinflusst wird. Die Umsetzung von Begabung und Talent in Leistung in verschiedenen Bereichen (Sprachen, Sport, Musik etc.) wird durch Persönlichkeitsmerkmale (wie Leistungsmotivation oder Lernstrategien) sowie durch Umweltmerkmale (wie Unterrichtsqualität oder Familienklima) mitbestimmt. Wie Renzulli und Mönks betonen auch Heller und seine Kollegen das Zusammenspiel mehrerer Faktoren bei der Leistungsentwicklung.

Dieses Modell ist allerdings ähnlich kritisch zu sehen wie die beiden oben beschriebenen Modelle von Renzulli und Mönks: Wie die diversen Variablen in Beziehung stehen, wie sie zusammenhängen oder aufeinander wirken, ist nicht spezifiziert bzw. die Angaben sind schwer überprüfbar. Das Modell enthält so viele potenzielle Einflussvariablen, dass es wenig spezifisch und praktisch kaum verwendbar ist. So ist auch in diesem Modell nicht erklärt, wie man die einzelnen Bereiche messen und ab wann von einer Hochbegabung gesprochen werden kann.[40]

Gleiches gilt für diverse weitere mehrdimensionale, Umweltfaktoren einbeziehende Modelle (z. B. Differenziertes Hochbegabungs- und Talentmodell, Gagné, 1993; Komponentenmodell der Talententwicklung, Wieczerkowski & Wagner, 1985, ebenfalls eine Weiterentwicklung von Renzullis Modell; Allgemeines Bedingungsgefüge für außergewöhnliche Leistungen, Stapf & Stapf, 1988; oder das Münchner dynamische Begabungs-Leistungs-Modell, Perleth, 2000; 2001).

Problematisch an allen diesen Modellen ist, dass sie durch eine Vielzahl an Komponenten sehr unspezifisch werden und unklar ist, wie die Komponenten zusammenwirken. Sie führen daher nicht zu Erkenntnissen, die in der praktischen Hochbegabungsidentifikation und -förderung umsetzbar sind.

Mehrdimensionale Modelle wie das Münchner (Hoch-) Begabungsmodell demonstrieren, dass viele Faktoren die Umsetzung von Begabung in Leistung beeinflussen. Sie sind jedoch eher als beschreibend einzustufen und in der Hochbegabtensuche und -förderung praktisch nicht einsetzbar, da sie durch eine Vielzahl an Komponenten sehr unspezifisch sind und die Autoren nicht definieren, wie die einzelnen Komponenten zusammenwirken sollen.

Anmerkungen

1 vgl. Rost, Sparfeldt & Schilling, 2006
2 Fröhlich 1993, S. 221
3 vgl. ausführlicher Amelang & Bartussek, 1997
4 Boring, 1923, S. 35
5 vgl. Eysenck, 2004
6 Spearman, 1904; 1923; 1927
7 Spearman, 1904
8 vgl. Klauer, 2006
9 vgl. Thurstone, 1938
10 Gardner, 1983; s. a. Ramos-Ford & Gardner, 1991; Gardner, 1991
11 Gardner, 2002
12 Gardner, 1983, S. 183, zit. n. Schwartz, 1994; Gardner, 1991, S. 345 ff.; Ramos-Ford & Gardner, 1991, S. 58
13 Landerl & Wimmer, 2006
14 s. Weber & Westmeyer, 2001
15 Winner, 1998, S. 16
16 vgl. Klauer, 2006
17 Ramos-Ford & Gardner, 1991, S. 58–63; s. auch Gardner, 2002
18 s. den Überblick von Rost, 2000b, auf S. 20 f.
19 Die Schwierigkeiten der Wissenschaft mit diesem Konzept dokumentieren Stellungnahmen verschiedener renommierter Wissenschaftler (Schuler, 2002; Asendorpf, 2002; Neubauer & Freudenthaler, 2002; Heller, 2002; vgl. auch Feger & Prado, 1998). Schuler (2002) bringt die Kritik an der »emotionalen Intelligenz« auf den Punkt: Dieses Konzept (er nennt es eine »pseudowissenschaftliche Errungenschaft«) sei *rückschrittlich*, da es ohne empirische Belege nachgewiesene Differenzierungen zurücknehme (»Begriffsaufblä-

hung«), *irreführend*, da es nichts mit Intelligenz zu tun habe, *ignorant*, da empirische Untersuchungen zu kognitiven Fähigkeiten, Temperament, Persönlichkeit und zum Konstrukt selbst missachtet würden, und *unnötig*, da es nichts Neues biete und das Vorhandene besser belegt sei.

20 vgl. Rost, 2000b, S. 33

21 Lucito, 1964, zit. n. Feger & Prado, 1998

22 vgl. Rost, Sparfeldt & Schilling, 2006

23 Häcker & Stapf, 1998

24 für einen umfassenden Überblick s. Glover, Ronning & Reynolds, 1989; s. außerdem Rost, 2000b, S. 28–32; Westmeyer, 2001; Cropley, 2006

25 vgl. Cropley, 2006, S. 366

26 für eine kritische Betrachtung der Kreativitätsdiagnostik s. Hocevar & Bachelor, 1989; s.a. Amelang & Zielinski, 1997, S. 244–245; 2002, S. 256–257

27 bzw. Motivation – bei Mönks als Sammelbegriff für »task commitment« und Ausdauer und Leistungswillen, vgl. Mönks, 1991

28 Renzulli, 1988, S. 21

29 Renzulli & Smith, 1980

30 Renzulli, 1988

31 Renzulli & Smith, 1980

32 s.a. Rost, 2001

33 Mönks & van Boxtel, 1985; Mönks, 1991

34 Die zum Thema Identifikation und Modellvorstellungen von Hochbegabung geführte Kontroverse zwischen Rost (1991a; b) und Hany & Heller (1991) sowie Mönks (1991) zeigt die unterschiedlichen Standpunkte.

35 s. Hanses & Rost, 1998b

36 s. Heller, 1992; 2001; Perleth & Heller, 1994

37 Hany, 1987, S. 179

38 s. z.B. Perleth & Heller, 1994; Heller, 2000; 2001

39 Heller, 1992, S. 20

40 zur Kritik vgl. ausführlicher Rost, Sparfeldt & Schilling, 2006

Kapitel 2
Wie erkennt man Hochbegabung?

Wie hilfreich sind Checklisten?

In vielen Ratgebern und Elternbroschüren findet man sogenannte Checklisten, d.h. Listen mit verschiedensten Eigenschaften und Verhaltensweisen, die typisch für viele Hochbegabte sein sollen. Manchmal wird der Eindruck vermittelt, es handle sich um eine Art »Kurztest« für Hochbegabung.[1] Auch wenn mittlerweile viele Autoren diese Listen mit entsprechenden »Warnhinweisen« versehen (s. z.B. BMBF, 2003), so ist deren Veröffentlichung doch kritisch zu sehen, da Checklisten trotz der Warnungen oftmals überbetont werden. Die Versuchung ist groß, durch einen Vergleich mit der Liste schnell zu »testen«, ob das Kind hochbegabt sein könnte.

Die Probleme beginnen jedoch schon damit, dass von den Eltern die Einschätzung verlangt wird, ob ein Verhalten z.B. »häufig« auftritt. Was jedoch ist mit »häufig«, »besonders«, »ungewöhnlich« etc. gemeint? Hierunter versteht sicher nicht jede und jeder dasselbe. Hinzu kommt, dass viele der genannten Eigenschaften nicht auf alle Hochbegabten zutreffen. Andere Beschreibungen hingegen passen durchaus auch auf manches nicht-hochbegabte Kind. Manche der Angaben mögen als Anhaltspunkt, dass eine genauere Überprüfung mit Hilfe eines Intelligenztests durchgeführt werden sollte, noch brauchbar sein. Beschreibungen wie »bringt sich autodidaktisch Lesen, Schreiben und Rechnen bei oder möchte es zumindest auf Eigeninitiative hin lernen« oder »zeigt ein außergewöhnliches Sprachvermögen schon im Kleinkindalter«[2] deuten auf einen Entwicklungsvorsprung hin und könnten Anzeichen einer hohen Begabung sein. Jedoch gibt es auch Kinder, die, wenngleich sie früh lesen lernen oder einen breiten Wortschatz zeigen, nicht hochbegabt sind, so dass bei derartigen Beobachtungen nicht vorschnell auf die Hochbegabung geschlossen werden darf. Sätze wie »besteht darauf, vieles selbstständig zu tun«, »greift von sich aus andere Kinder an«, »ich halte mein Kind für intelligent«[3] scheinen dagegen auf keinen Fall zuverlässige Indikatoren für Hochbegabung zu sein.

Einen Großteil der beschriebenen Verhaltensweisen trifft man auch bei durchschnittlich Begabten bzw. unabhängig von der Begabung bei Kindern bestimmter Altersgruppen an. Als Beispiele seien die Items »neigt schnell dazu, über Situationen zu bestimmen«, »akzeptiert keine Meinung von Autoritäten, ohne sie einer kritischen Prüfung zu unterziehen« und »ist bei Routineaufgaben leicht gelangweilt« aus Elbing (2000) genannt. »Kriterien« wie »hat eine ungewöhnlich starke Fantasie«[4] verleiten zu einer positiven Fehleinschätzung. Wer denkt nicht das Beste von seinem Kind? Insgesamt gibt es bislang keine überzeugenden wissenschaftlichen Belege für eine akzeptable Vorhersagekraft von Checklisten.

Gleiches gilt leider auch für spezielle Lehrerchecklisten. Sie sollen Lehrkräften einen Anhaltspunkt geben, Hochbegabte in der Schule zu erkennen. Doch auch diese Listen sind so ungenau, dass sie die Zahl richtiger Identifikationen nicht erhöhen.

> Checklisten sind zur Identifikation Hochbegabter ungeeignet und geben allenfalls Hinweise, eine Intelligenztestung durchführen zu lassen.

Können Eltern, Lehrkräfte oder Gleichaltrige Hochbegabte identifizieren?

Naheliegend erscheint, dass die Menschen in der Umgebung des Hochbegabten ihn besonders gut kennen und daher seine Begabung bemerken sollten. Daher wird oft gefragt, ob und wie man als Elternteil Hochbegabung erkennen kann, ob nicht

Lehrkräfte oder Mitschüler und Freunde die außergewöhnliche Begabung eines Kindes sehen müssten.

Es gibt sicher Situationen, in denen ein Kind durch herausragende Leistungen auffällt und die Umwelt eine besondere Begabung dahinter vermutet. Die Einschätzung, ob dies eine Hochbegabung ist oder nicht, ist jedoch nicht so einfach, da Hochbegabung ja von außen nicht sichtbar ist.

Es gibt zwei Fehler, die uns bei einer solchen Einschätzung passieren können: Wir können zum einen ein normal begabtes Kind für hochbegabt halten und es mit einer speziellen Förderung massiv überfordern. Genauso können wir aber auch ein Kind, z. B. weil es nicht durch besondere Leistungen auffällt, unterschätzen und ihm Förderung ungerechterweise verweigern. Eltern und Lehrkräfte können Begabung nicht fehlerfrei einschätzen.[5]

Naturgemäß neigen Lehrkräfte dazu, bei der Beurteilung der Begabung eines Kindes stark auf seine bisherige Leistung zu achten.[6] Sprich, ein Lehrer würde, wenn man ihn bittet, mögliche Hochbegabte in seiner Klasse zu benennen, eher die Klassenbesten aufzählen. Begabte schlechte Schüler übersieht er eher. Lässt man Lehrkräfte aus diesem Grund eine größere Zahl Schüler (also z. B. zehn Prozent statt zwei Prozent) benennen, so wählen sie vermutlich die sehr gut leistenden Hochbegabten, aber auch sehr gut leistende Gutbegabte aus – hochbegabte Minderleister werden eher nicht darunter sein.

Eltern neigen ebenfalls zu Fehleinschätzungen, da naturgemäß alle Eltern – oder zumindest sollte es so sein – positiv von ihrem Kind denken. Daher überschätzen Eltern oft die Fähigkeiten ihres Kindes.

Eltern und Lehrkräfte können daher keine Hochbegabung diagnostizieren, aber den Anstoß geben, einen Hochbegabungsverdacht zu überprüfen. Besonders wenn ein Schüler nicht unbedingt der Klassenprimus ist, es aber Anzeichen gibt, die auf eine doch nicht so geringe Begabung hinweisen (z. B. besondere eigenständige Leistungen in einem Hobby), sollte eine Überprüfung stattfinden.

Freunde und Klassenkameraden kämen als weitere Beurteilergruppe in Frage, die mit den Hochbegabten häufigen Umgang hat. Jedoch haben auch die »Peers« Schwierigkeiten, hochbegabte Mitschüler zu erkennen.[7] Sie orientieren sich an bisherigen Leistungen (dokumentiert z. B. durch Zensuren) und können folglich ebenfalls nicht ausreichend zwischen Leistung und Begabung trennen. Auch hier besteht die Gefahr, Minderleister (Underachiever) zu übersehen und stattdessen eher zusätzlich Hochleister zu nominieren. Peer-Nominationen sind insgesamt als wenig effizient einzustufen.

> Eltern, Lehrkräfte und Gleichaltrige können Hochbegabte nicht zuverlässig identifizieren. Sie neigen dazu, leistungsstarke und angepasste Kinder auszuwählen und schwierigere, leistungsschwache Hochbegabte zu übersehen. Ihrem Urteil sollte daher, vor allem bei unterschiedlichen Einschätzungen, eine genauere Intelligenzüberprüfung folgen.

Warum sind Intelligenztests geeignet?

Die beste Methode zu überprüfen, ob ein Kind sehr begabt ist, ist der Intelligenztest. Er wird so konstruiert, dass er weitgehend objektiv, zuverlässig und gültig ist, also die sogenannten Testgütekriterien erfüllt. Intelligenztests können intellektuelle Begabung recht genau und stabil messen und bieten eine gute Vorhersagemöglichkeit über den weiteren (schulischen) Weg eines Kindes. Zur Messung der allgemeinen Intelligenz liegen eine Vielzahl den Kriterien für einen guten Test genügende Testverfahren für fast alle Altersstufen vor. Eine Identifikation über Testergebnisse ermöglicht den Vergleich der getesteten Person mit Normstichproben (also großen, systematisch ausgewählten Vergleichsstichproben) und damit eine allgemeine, von der aktuellen Situation relativ unabhängige Einordnung.

Wie sieht es mit anderen Methoden aus?

Theoretisch bieten sich zur Identifikation hochbegabter Kinder neben den schon besprochenen Auswahlkriterien auch (Schul-)Leistung, Wettbewerbe, Prüfungen oder Selbstnomination an.

Leistung

Leistung wird meistens über Schulnoten erfasst – sie sind der übliche Bewertungsmaßstab. Doch selbst wenn Lehrerurteile und Zensuren nicht so fehlerbehaftet sind, wie man lange dachte, sollten Noten als Auswahlinstrument kritisch gesehen werden.[8] Z. B. ist ihre Vergleichbarkeit über verschiedene Klassen nicht unbedingt gegeben, d. h., die Auswahl ist unter Umständen nicht fair. Ferner findet man bei einer Auswahlprozedur über Zensuren nur die (angepassten) leistungsstarken Kinder, nicht aber automatisch auch die begabten (vor allem nicht die Minderleister/Underachiever unter ihnen).

Pegnato und Birch (1959) konnten dementsprechend zeigen, dass eine Auswahl über Noten relativ effektiv (74 Prozent erfasste Hochbegabte) und gleichzeitig wenig effizient (18 Prozent richtig benannt) ist. Das bedeutet, dass zwar in der Studie über eine derartige Auswahlprozedur 74 Prozent der Hochbegabten gefunden wurden, was als recht effektiv gewertet werden kann, aber nur 18 Prozent der Kinder richtig eingestuft wurden – das Verfahren ist also ungenau (wenig effizient). Es wurden viele Hochbegabte ausgewählt, aber gleichzeitig viele Fehleinschätzungen getroffen. Noten sind also eher ein Instrument, um mit wenig Aufwand (man lässt sich einfach das Zeugnis zeigen) leistungsstarke und motivierte Gutbegabte auszuwählen.

Wettbewerbe, Prüfungen, Selbstnominierung

Bei Wettbewerben treffen sich oftmals die leistungsstarken und besonders motivierten Schülerinnen und Schüler. Die Anmeldung zu Wettbewerben und die Teilnahme daran hängen meist auch vom Engagement anderer (Eltern, Lehrkräften) ab. Oft sind dort also besonders Kinder zu finden, die eine gute Unterstützung durch ihre Umwelt erfahren. Für Aufnahmeprüfungen u. Ä. gilt ebenso, dass sie besonders Hochleistende ansprechen, da vor allem die Leistung und nicht das Potenzial erfasst wird. Bei der eigenen Anmeldung zu Wettbewerben und bei der Bewerbung für Förderprogramme und Stipendien gilt zusätzlich, dass es sich nicht nur um leistungsstarke, sondern auch um sehr motivierte Menschen handelt. Bei manchen Angeboten spielen auch finanzielle Gesichtspunkte eine Rolle, sodass schlechter gestellte Schülerinnen und Schüler dort nicht anzutreffen sind.

Zusammenfassend kann also deutlich von alternativen Methoden zum Intelligenztest abgeraten werden, es sei denn, man nimmt in Kauf (oder hat sogar zum Ziel), nur leistungsstarke Hochbegabte auszuwählen. Eltern und Lehrkräfte, die Kinder in ganz unterschiedlichen Situationen beobachten, können Anzeichen dafür wahrnehmen, dass ein Schüler oder eine Schülerin besonders begabt sein könnte. Im Bedarfsfall sollte eine fachpsychologische Diagnostik erfolgen.

> Der Intelligenztest ist anderen Methoden, Hochbegabte auszuwählen, deutlich überlegen. Er ist fairer, genauer und zuverlässiger.

Was muss ich bei einer Intelligenztestung beachten?

An dieser Stelle soll keine Empfehlung für einzelne Tests ausgesprochen werden. Wählen Sie einen Diagnostiker, der regelmäßig Testungen in der gewünschten Altersgruppe durchführt. Diese Personen sind zum einen routiniert, zum anderen besitzen sie in der Regel mehrere und neue Testverfahren. Wichtig ist, dass ein Test eingesetzt wird, der möglichst neu ist und auch im oberen Bereich der Intelligenz noch differenziert (also z. B. nicht schwerpunktmäßig für Lernbehinderte konzipiert ist).

Veraltete Tests messen oftmals zu gut, d. h., sie überschätzen die Fähigkeiten des Kindes. Man bezeichnet dies als *Flynn-Effekt*. Der Flynn-Effekt, der nach seinem Entdecker, dem Forscher James Flynn, benannt ist, besagt, dass der durchschnittliche Mensch heute eine höhere Testleistung erzielt als vor zehn, zwanzig oder mehr Jahren. Teste ich ein Kind mit einem alten Test, so erreicht es im Schnitt mehr Punkte als ein Kind vor vielen Jahren, da sich in der Zwischenzeit viele Rahmenbedingungen wie Gesundheitsversorgung, Ernährung, Medienausstattung geändert haben. Auch sind Kinder heute wohl vertrauter mit den im Intelligenztest vorgelegten Aufgabenstellungen. Wahrscheinlich schneiden Kinder aus diesen Gründen aktuell besser ab, sodass die Testung mit einem veralteten Test eine – zum Teil deutliche – Fehleinschätzung liefern kann.

Tests, die eher für die Zielgruppe Lernbehinderte oder vor allem für wesentlich jüngere Probanden als der Getestete konzipiert sind, differenzieren im mittleren und niedrigeren Intelligenzbereich besonders gut, da die Vergleichsgruppe in diesem Bereich sehr umfangreich und genau ist. Im oberen Bereich können sie aber nicht mehr so genau einschätzen. Daher sollte beim Verdacht auf Hochbegabung ein Test verwendet werden, der auch im höheren Intelligenzbereich noch genau misst.

Bei der Bewertung von Testergebnissen ist zu bedenken, dass alle Intelligenztests im *extrem* hohen Bereich nicht genau messen können. Im sehr hohen Bereich kann kein genauer IQ mehr genannt werden, sondern nur ein Mindestwert. Dies liegt zum einen am sogenannten *Deckeneffekt:* Die Person stößt sozusagen, wenn sie alle schwierigen Aufgaben löst, mit ihrer Leistung an die Grenze vorhandener Aufgaben. Ob sie noch schwierigere Aufgaben lösen würde, kann nicht bestimmt werden, da es nur wenige höchst schwierige Aufgaben gibt. Es kann also (im sehr hohen Bereich) kein exakter Wert und kein Maximalwert bestimmt werden. Angaben wie IQ = 145 und größer sind daher sehr ungenau und unzuverlässig. Angaben wie IQ = 160 sind unseriös, da Tests (im deutschsprachigen Raum) solche Aussagen in der Regel nicht erlauben. Daher wird in solchen Fällen oft ein IQ > X (z. B. IQ > 135) angegeben oder beschrieben, dass das Kind mehr als 99 Prozent der Vergleichsgruppe hinter sich lässt. Für die Frage, ob ein Kind hochbegabt ist oder nicht, reichen solche Angaben aus und es wird nicht eine nicht vorhandene Genauigkeit suggeriert.

Wann sollte man testen lassen?

Ein Test sollte nie zum Selbstzweck durchgeführt werden, sondern immer im Rahmen einer Fragestellung. Fragen Sie sich, was sich ändern würde, wenn Sie wüssten, dass Ihr Kind hochbegabt (oder nicht hochbegabt) ist. Ein Test sollte erstens erfolgen, wenn Schwierigkeiten aufgetreten sind und die Frage im Raum steht, ob diese Probleme mit einer höheren Begabung zusammenhängen können. Beispielsweise kann ein Test helfen abzuklären, ob es wahrscheinlich ist, dass ein Kind im Unterricht stört, weil es sehr begabt und unterfordert ist, oder ob diese Ursache ausgeschlossen werden kann. Zweitens sollte eine Diagnostik vor Entscheidungen erfolgen, die weitreichende Konsequenzen haben. Hat ein Kind nicht die nötige Begabung, um in einer Hochbegabtenklasse mitzukommen oder um das Überspringen einer Klassenstufe recht zügig und problemlos zu bewältigen, so ist mit einem Versagenserlebnis zu rechnen, das oft langfristig negative Folgen hat.

Was wird bei der Testung gemacht? Schadet der Test dem Kind?

Bei einem Intelligenztest bearbeitet das Kind verschiedene Denkaufgaben unterschiedlicher Schwierigkeit. Dann wird die individuelle Testleistung des Kindes in die Ergebnisse einer großen Vergleichsgruppe eingeordnet und dabei bestimmt, wie gut das Kind im Vergleich zu Gleichaltrigen oder Kindern derselben Jahrgangsstufe abschneidet.

Kinder bearbeiten Testaufgaben meist bereitwillig und mit Freude. Die Aufgaben sind ansprechend und jedes Kind zeigt gerne, was es kann. Meist wird der Test nur mit einem Kind allein durchgeführt, sodass der Diagnostiker individuell auf das Kind eingehen kann.

Der Test an sich schadet dem Kind folglich nicht. Allerdings kann der Umgang seiner Umwelt mit der Testsituation und dem Ergebnis das Kind beeinflussen. Gerade einem jüngeren Kind gegenüber macht es überhaupt keinen Sinn, davon zu sprechen, dass es vielleicht »hochbegabt« sei. Unabhängig von einer möglichen Enttäuschung, können Kinder das Thema in der Regel nicht einordnen. Daher ist es sinnvoller, dem Kind zu sagen, dass geschaut wird, was es schon alles kann.

Ein Test sollte auch nie allein zum Zweck der IQ-Bestimmung durchgeführt werden. Daher ist es meist viel plausibler und verständlicher für das Kind, den wirklichen Anlass kindgerecht anzusprechen: »Wir wollen gemeinsam überlegen, wie es dir leichter fallen kann, im Unterricht aufzupassen.« – »Wir streiten uns oft wegen der Hausaufgaben. Wir wollen uns Tipps geben lassen, wie wir die Aufgaben auch ohne Streit erledigen können.« – »Du sagst oft, du hast keine Lust, in die Schule zu gehen. Wir wollen herausfinden, woran das liegt und wie dir die Schule wieder mehr Spaß machen kann.«

Als Vorbereitung auf die Beratung können Sie für sich überlegen, was Hochbegabung für Sie bedeutet und ob ein entsprechendes Testergebnis eine Veränderung verursachen würde. Welche Rolle spielen Begabung und Bildung in der Erziehung Ihrer Kinder, welche Rolle haben sie in Ihrer eigenen Entwicklung gespielt? Welches Ergebnis erwarten Sie? Wäre die Diagnose »Hochbegabung« eine Erleichterung oder ein Schock für Sie? Würden Sie Ihr Kind bei einer hohen Begabung anders behandeln, besondere Maßnahmen ergreifen etc.? Sehen Sie Hochbegabung als Erklärung für ein bestimmtes Verhalten oder bestimmte Probleme an?

Überlegen Sie sich, was genau der Anlass ist, zum Psychologen zu gehen, und was Sie dem Kind vor dem Besuch sagen wollen. Sprechen Sie dies, wenn Sie unsicher sind, mit dem Psychologen ab. Er wird das Kind im ersten Gespräch vielleicht auch fragen, weshalb es zur Beratung gekommen ist. Überlegen Sie zudem, was Sie dem Kind nach der Testung sagen wollen, und besprechen Sie mit dem Psychologen, inwieweit das Kind in die Besprechung der Testergebnisse und die Beratung mit einbezogen wird. Es sollte so weit beteiligt werden, wie es selbst an der Problemlösung mitarbeiten kann und soll. Wenig sinnvoll ist es jedoch, einem Siebenjährigen seinen IQ mitzuteilen und zu sagen, er sei hochbegabt. Fragen Sie also vorher den Psychologen, wie er dies handhabt.

Bedenken Sie, dass das Kind mit dem Thema »Hochbegabung« nicht nur durch die Mitteilung eines IQ-Wertes in Berührung kommt. Nimmt Ihr Kind nach dem Test z. B. an Maßnahmen für »besonders Begabte« oder an Treffen eines Elternvereins teil oder wird es auf einer besonderen Schule angemeldet, so wird es mit dem Thema »Hochbegabung« in Berührung kommen und danach fragen. Sie sollten daher immer auch überlegen, dass nicht nur der Test, sondern auch Ihr Umgang mit dem Testergebnis zu einer Etikettierung führen kann. Die Folge können Fragen und entsprechende Gedanken des Kindes sein (»Was ist hochbegabt?« – »Bin ich anders?« – Vielleicht auch: »Da muss ich ja jetzt nicht mehr lernen …«), aber auch der Umgebung wie z. B. anderer Eltern, der Nachbarn etc. (»Die sind aber ehrgeizig.« – »Die halten sich für etwas Besonderes.«).

Dies hängt natürlich damit zusammen, wie bzw. ob man mit anderen über die Testung spricht, ob man nach einem hohen Testergebnis entsprechende Sondermaßnahmen ergreift und wie man diese dem Kind vermittelt. Entscheidet man sich für besondere Maßnahmen, so sollten diese auch mit dem Kind besprochen werden. Dabei kann man gemeinsam überlegen, wie das Kind auf Fragen der Umgebung reagieren könnte. Man sollte ihm gegebenenfalls vermitteln, wie es sich verhalten kann, damit die anderen Kinder es z. B. nicht als überheblich einstufen.

An wen sollte ich mich wenden?

Wählen Sie für die Diagnostik einen in der Arbeit mit Kindern bzw. Jugendlichen erfahrenen Diplom-Psychologen. Psychologen sind aufgrund ihrer Ausbildung Experten in der Diagnostik. Da auch bei der Testdurchführung und -interpretation Fehler gemacht werden können, ist von einer Diagnostik durch Laien (z. B. Arzthelferinnen) sowie durch nicht in der Begabungsdiagnostik geschulte Berufsgruppen (wie Lehrkräfte) deutlich abzuraten.

Welche Ergebnisse bekomme ich? Wie sollte ein Gutachten aussehen?
Vereinbaren Sie mit dem Diagnostiker, dass Sie einen schriftlichen Bericht über das Ergebnis oder zumindest eine Kopie des Auswertungsblattes erhalten. Andere Beratungsstellen, Therapeuten, Schulen, Förderanbieter wollen oftmals genau wissen, was gemacht wurde. Z. B. reicht die Information, dass das Kind einen IQ = 127 erreicht hat, in der Regel nicht. Ein Bericht oder ein Gutachten sollte enthalten, wer wann welchen Test mit welchem Ergebnis durchgeführt hat. Wichtig ist auch der Hinweis, ob es Auffälligkeiten während der Testung gab, also etwa die Testergebnisse nur eingeschränkt interpretiert werden können, da das Kind z. B. nur unzureichend mitgemacht hat – gerade weil dies bei Kindern eher selten vorkommt. Fragen Sie vor der Diagnostik genau nach, was in dem genannten Preis enthalten ist (der Test, ein Bericht, ein Ergebnisgespräch oder ein Beratungsgespräch?).

Damit der Psychologe seine Diagnostik nach Ihrem Anliegen ausrichten kann, findet zumeist ein Vorgespräch statt. Darin kommen Ihre Fragen und Probleme, die Entwicklung und Vorgeschichte des Kindes sowie die aktuelle Situation zur Sprache. Zur Besprechung der Ergebnisse sollte ein weiterer Termin nach dem Test vereinbart werden. Erfahrungsgemäß und verständlicherweise haben Eltern nach der Diagnostik oft das Gefühl, dass das alleinige Erfahren des IQ sie nicht weitergebracht hat. Vereinbaren Sie daher mindestens ein Gespräch, in dem Ihnen der Diagnostiker erläutert, was er gemacht hat, zu welchem Ergebnis er gekommen ist und was dieses bedeutet.

Eine gute Beratung bleibt beim Testergebnis nicht stehen, sondern der Psychologe überlegt mit Ihnen, wie es nun weitergehen kann. Sie sollten also Ansatzpunkte für Veränderungen, Tipps zur Problemlösung sowie ggf. Anlaufstellen, die Ihnen weiterhelfen können, genannt bekommen. Dies ist oft nicht unbedingt in den von manchen privaten Praxen als »Paket« angebotenen Begabungstestungen enthalten.

Wie sind die Testergebnisse einzuordnen?

Nach der Auswertung der Testergebnisse wird der Psychologe Ihnen mitteilen, in welchem Bereich die Begabung Ihres Kindes liegt. Die meisten Psychologen geben über eine sprachliche Beschreibung des Bereichs hinaus auch konkrete Werte an. Manchmal besteht den Testwerten gegenüber eine gewisse Vorsicht, da sie, wie bereits beschrieben, fehlerbehaftet sein können, aber auch, da für viele Fragestellungen der genaue IQ nicht wichtig ist. Mitgeteilt werden in der Regel Prozentränge und/oder IQ-Werte.

Der Prozentrang ist besonders anschaulich: Man stelle sich vor, dass sich alle Kinder der Normierungsstichprobe hintereinander nach ihrer Leistung im Test aufstellen. Der Prozentrang (PR) bezeichnet den Rangplatz Ihres Kindes, verglichen mit 100 Kindern (100 Prozent) der gewählten Vergleichsgruppe (Altersgruppe oder Klassenstufe), und zwar benennt er den Prozentsatz der Kinder, die *gleich große oder kleinere* Werte erzielt haben – also sozusagen die Kinder, die *hinter* Ihrem Kind stehen. Ein Prozentrang von PR = 98 bedeutet beispielsweise, dass das Kind gleich gute oder bessere Werte erzielt als 98 Prozent der Vergleichsgruppe, also, dass es zu den zwei Prozent Besten gehört.

Bekannter ist der Intelligenzquotient oder IQ. Bei der IQ-Normierung werden die erzielten Testwerte (z. B. die Anzahl richtig gelöster Aufgaben) derart umgerechnet, dass sie der sogenannten *Normalverteilung* (s. Abb. 6) entsprechen.

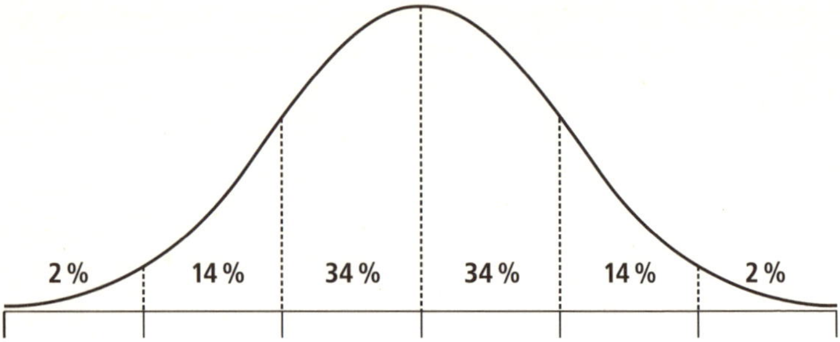

Abb. 6: die Gauß'sche Normalverteilung (angegeben ist jeweils der Prozentanteil, der entsprechende Werte im eingezeichneten Bereich aufweist)

Die Normalverteilung (nach Carl Friedrich Gauß, sie wird auch »Glockenkurve« genannt) gibt die Wahrscheinlichkeitsverteilung von Merkmalen an und lässt sich auf verschiedene Variablen – z. B. biologische Merkmale wie Körpergröße oder Gewicht – anwenden. Misst man beispielsweise die Körpergröße einer Gruppe verschiedener, zufällig ausgesuchter Personen, so entsteht eine Häufigkeitsverteilung nach Art der Gauß'schen Normalverteilung. Es wird sehr wenige sehr kleine und sehr große Personen geben (ca. je zwei Prozent), etwas mehr überdurchschnittlich kleine und große (je 14 Prozent) und viele Messwerte im mittleren (durchschnittlichen) Bereich (68 Prozent). Eine Normalverteilung gilt – so wurde nachgewiesen – auch für die Intelligenz.

Bei der Intelligenzverteilung (s. Abb. 7) wird dem Mittelwert der Stichprobe ein IQ-Wert von 100 zugewiesen. Die durchschnittliche Abweichung vom Mittelwert, die Standardabweichung, beträgt 15 IQ-Punkte. Einen IQ-Wert zwischen 85 und 115 erzielen 68 Prozent der Referenzpopulation, dies bezeichnet man als durchschnittlich. Werte über IQ = 115 und unter IQ = 85 werden als über- bzw. unterdurchschnittlich bezeichnet. IQ-Werte größer 130 werden nur von etwa zwei Prozent erreicht – dies ist der am meisten verbreitete Grenzwert für

Hochbegabung. Dabei ist zu bedenken, dass auch Werte über IQ = 125 weit überdurchschnittlich sind und nur von fünf Prozent der Gesamtgruppe erreicht werden.

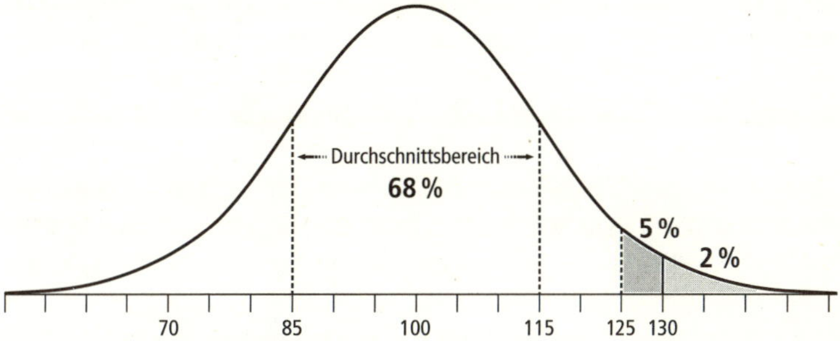

Abb. 7: die Intelligenzverteilung; dargestellt sind die Intelligenzquotienten

Da Testwerte zwar sehr genau und zuverlässig, aber dennoch nie hundertprozentig genau gemessen werden können, geben Diagnostiker auch ein sogenanntes *Konfidenzintervall* an. Das Konfidenzintervall beschreibt den Vertrauensbereich, in dem der »wahre« IQ des Kindes mit einer bestimmten Wahrscheinlichkeit (z. B. 68 Prozent oder 95 Prozent) liegt. Dabei werden eine obere und eine untere Grenze benannt – im Bereich dazwischen liegt der »wahre« IQ des Kindes mit der angegebenen Sicherheit.

Ein Beispiel aus einem Gutachten: »… *Zur Erfassung der intellektuellen Begabung wurde der (Testname) durchgeführt. Anna erreicht in diesem Test – verglichen mit der Altersnorm – insgesamt einen IQ-Wert von IQ = 130. Das Ergebnis liegt mit 68-prozentiger Wahrscheinlichkeit zwischen IQ = 126 und IQ = 134. Der IQ entspricht einem Prozentrang von PR = 98. Das bedeutet, nur zwei Prozent dieser Altersgruppe sind gleich gut oder besser als Anna. Das Ergebnis liegt im weit überdurchschnittlichen Bereich.*«

Was sagt der IQ aus?

Ein IQ sagt zunächst einmal etwas darüber aus, wie gut der Mensch in diesem betreffenden Test im Verhältnis zu einer Vergleichsgruppe (den Normen) abgeschnitten hat. Bei Schulkindern vergleicht man die Leistung des Kindes mit der von gleichaltrigen Kindern und/oder Kindern derselben Klassenstufe. Verschiedene Tests können zu unterschiedlichen Ergebnissen führen. Sie müssen sich auch nicht bestätigen, da sie teilweise unterschiedliche Aspekte von Begabung (z.B. Aufgaben zur Erfassung sprachfreien logischen Denkens vs. wissensbezogene, schulnähere Aufgaben) messen. Die Ergebnisse von Intelligenztests hängen in der Regel aber so stark zusammen, dass sehr unterschiedliche Ergebnisse unwahrscheinlich sind.

Auch ist Intelligenz sehr stabil – es ist unwahrscheinlich, dass sich Testergebnisse im Laufe der Jahre wesentlich ändern, es sei denn, es treten gravierende Einflussfaktoren (z.B. lange aussetzender Schulbesuch, gravierende Erkrankungen etc.) auf. Es muss daher keine »Kontrolle« nach einer bestimmten Anzahl von Jahren erfolgen. Wichtig ist aber zu bedenken, dass sich gerade kleine Kinder noch deutlich und sehr unterschiedlich entwickeln. Tests im Kindergartenalter sind nicht so zuverlässig wie z.B. bei einem Viertklässler. Von Intelligenztestungen vor dem Schulalter ist daher in der Regel abzuraten. Ein Test vor dem Grundschulalter sollte nur erfolgen, wenn es wichtige Gründe gibt (es z.B. unklar ist, ob ein Kind eine vorzeitige Einschulung intellektuell bewältigen würde). Das Ergebnis sollte gegebenenfalls später überprüft werden.

Wichtig ist auch zu beachten, dass gerade bei jüngeren Kindern der Gesamtwert am aussagekräftigsten und zuverlässigsten ist. Die von einigen Tests (wie HAWIK-III) angebotenen Profile sind sehr anschaulich, verführen aber zu fehlerhaften Interpretationen. Zum einen spielen bei Testergebnissen, besonders von einzelnen Untertests, immer auch der Zufall sowie die Motivation und Konzentration mit: Morgen würde Ihr Kind in einer schlechter gelösten Aufgabenart eventuell ein bis zwei Punkte besser abschneiden und woanders schlechter und der zur Interpretation auffordernde »Zacken« im Testprofil wäre verschwunden. Zum anderen ist nicht nachgewiesen, dass solch ein einzelner Untertestwert (oder eine charakteristische Kombination bestimmter Untertestwerte) auf bestimmte Defizite, z. B. Konzentrationsstörungen, hinweist. Er sagt lediglich aus, dass es dem Kind schwerfiel, diese Aufgabenart (z. B. das Sortieren verschiedener Bilder einer Geschichte in die richtige Reihenfolge) zu bearbeiten.

Es gibt kein nachgewiesen charakteristisches Profil für bestimmte Störungen. Auch die teilweise zu bildenden Indizes erlauben solche Schlüsse nicht. Sogar die Interpretation einzelner Testteile ist kritisch zu sehen. Der Gesamtwert kann Schwankungen viel besser auffangen – unterschiedlich hohe Werte in einzelnen Untertests sind in einem gewissen Rahmen normal. Und: Hochbegabung ist eine umfassende Begabung, daher gibt es keine Teilhochbegabten, sondern allenfalls (weit) überdurchschnittlich Begabte mit besonderen Stärken.

Anmerkungen

1 So existieren in französischen Publikationen (z. B. Terrassier, 1995) sogar Checklisten, in denen zu jeder Eigenschaft oder Beschreibung unterschiedliche Punktwerte vergeben werden, an deren Summe abgelesen wird, ob das Kind hochbegabt sein könnte! Auf Deutsch habe ich inzwischen auch ein ähnliches Angebot im Internet gefunden.
2 Wirtz, 1999, S. 15 f.
3 Akademie für Lehrerfortbildung Dillingen, 1994, zit. n. Jost, 1999
4 Heinbokel, 1996
5 Schrader, 2006
6 vgl. Rost & Hanses, 1997
7 Wild, 1991; Rost, 2001
8 vgl. Lucito, 1964, S. 190; Ingenkamp, 1971; Schröter, 1977; Ingenkamp, 1992; Schrader, 2006; Tent, 2006b

Kapitel 3
Sind Hochbegabte anders?

Hochbegabte werden oftmals als besonders problembehaftet geschildert: So wird behauptet, die ersten Probleme würden meist bereits im Kindergarten auftauchen. Mit ihren Spielen würden Hochbegabte ihre Altersgenossen häufig überfordern und sich damit selbst ausgrenzen. Da sie sich in der Regel schon früher als andere Kinder mit Themen wie Politik, Ethik und Religion beschäftigten, würden sie schnell als altklug gelten. In der Schule würden sich die Probleme dann nahtlos fortsetzen. Im Unterricht unterfordert, würden die kleinen Intelligenzbestien aus Langeweile schnell zu Störenfrieden und verlören das Interesse am Lernstoff. Manche würden mit aggressivem Verhalten reagieren oder den Klassenclown spielen, andere wiederum zögen sich zurück und würden depressiv. Die überforderten Lehrkräfte könnten das unangepasste Verhalten dieser schwierigen Schüler nicht deuten. Im schlimmsten Fall würden die Kinder als Kandidaten für die Sonderschule eingestuft. Hochbegabte empfänden sich außerdem häufig als »anders« und in unserer Gesellschaft ausgegrenzt. Ihre Mitmenschen sähen in ihnen nur Wunderkinder oder Streber.

Solche und ähnliche Darstellungen findet man zuhauf in Zeitschriften, in Büchern, im Internet und im Fernsehen. Doch solche Beschreibungen treffen in Wahrheit nur auf einen Teil der Hochbegabten zu. Denn eigentlich zeigt die seriöse Forschung schon seit längerem, dass Hochbegabung kein Risikofaktor ist.

Hochbegabte sind ganz normale Menschen, nur eben intelligenter als viele ihrer Mitmenschen. Wenn, dann fallen sie sogar eher positiv auf. Das zeigte schon die berühmte Studie des Psychologen Lewis Terman.[1] Es gibt zwar berechtigte Kritik an dieser Studie (z. B. dass die untersuchten Familien mit Hochbegabten einen höheren Sozialstatus aufwiesen), jedoch bestätigen neuere solide Erhebungen den Gesamttenor der Ergebnisse, dass Hochbegabte keine besondere Risikogruppe sind. Berichte über verrückte Genies, Hochbegabte auf der Sonderschule für Lernbehinderte oder in der Psychiatrie stellen Einzelfälle dar. Aufgebauschte Berichte in den Medien erzeugen leider das Bild, dies seien typische Lebensverläufe und Wesenseigenschaften Hochbegabter. Wer schaut sich auch gerne eine Dokumentation über das Leben eines unauffälligen Menschen an? Spektakuläre Fälle erhöhen dagegen die Einschaltquoten.

Die Betrachtung von Hochbegabung als eine Art Krankheit oder gar Behinderung erscheint darüber hinaus wenig hilfreich. Dies impliziert nämlich, dass Einschränkungen oder Schwierigkeiten vorprogrammiert sind und recht wenig daran geändert werden kann. Auch wird der Fokus allein auf die Begabung gerichtet und diese dann zur Hauptursache aller Arten von Problemen erklärt. Das kann dazu führen, dass von den Hochbegabten und ihren Familien wenig eigene Anstrengung zur Bewältigung von Schwierigkeiten erwartet wird oder diese selbst wenig Hoffnung auf Veränderung haben bzw. gar die Schuld bei anderen suchen. Insbesondere bei Jugendlichen kann dies dazu führen, dass sie die Einstellung entwickeln, sie müssten selbst gar nichts mehr tun, um ihre Probleme zu bewältigen.[2]

Dabei sind Hochbegabte nicht schlechter dran als andere: So stellen beispielsweise Rohrmann & Rohrmann (2005, S. 90) klar: »Hochbegabte haben nicht schlechtere, sondern bessere Chancen als durchschnittlich oder gar Minderbegabte, Leistungsanforderungen erfolgreich zu bewältigen und im Leben zurechtzukommen.« Ähnlich äußert sich auch Rost (2000, S. 5): »Hochbegabte Grundschüler sind zuerst einmal und vor allem Kinder wie alle anderen Kinder auch, mit ähnlichen Vorlieben, mit ähnlichen Abneigungen, mit ähnlichen Schwierigkeiten, mit ähnlichen Vorzügen.«

Nichtsdestotrotz gibt es auch Hochbegabte, die Probleme haben. Ein Teil der Probleme liegt jedoch nicht an der Hochbegabung, sondern hat seine Ursache in den Lebensbedingungen des Kindes wie z. B. der familiären Situation. Hier hilft es vor allem, gezielt an den Problemen anzusetzen und sie beseitigen zu helfen.

Besonderer und umfassender Hilfe bedarf die Gruppe der sogenannten *Minderleister* oder *Underachiever*. Underachiever zeigen deutlich schlechtere Leistungen, als aufgrund ihrer Begabung zu erwarten ist. Diese Kinder machen ungefähr 14 Prozent der Hochbegabten aus.[3] (Ansatzpunkte für Hilfe bei Underachievement finden Sie auf Seite 110 ff.)

Wie aber kommt nun das Bild zustande, Hochbegabte seien fast immer problembehaftet? Schließlich findet man solche Vorurteile nicht nur in reißerischen Medienbeiträgen, sondern auch in Ratgebern, populärwissenschaftlichen Büchern und sogar in wissenschaftlichen Artikeln.

Die Ursachen liegen u. a. darin, dass oftmals alte und/oder methodisch schlechte Studien zitiert werden – zum Teil ohne diese im Original zu kennen. Ein häufiger methodischer Fehler ist, dass Wissenschaftler aus Unkenntnis oder um Ressourcen zu sparen Studien an »leicht zugänglichen« Hochbegabten durchführen.

Im Kapitel über Hochbegabung wurde erklärt, dass als hochbegabt gilt, wer zu den zwei Prozent Intelligenzbesten des Jahrgangs gehört. Wer eine Studie durchführen will, muss also viele Menschen testen, bis er genug Hochbegabte für eine aussagekräftige Untersuchung hat. Daher gehen manche Forscher gerne dorthin, wo sich viele Hochbegabte treffen: in den Hochbegabtenverein, die Elternselbsthilfegruppe, die Beratungsstelle usw. Schlau, möchte man meinen – doch wer besucht z. B. eine Beratungsstelle? In der Regel nicht der Mensch, der keine Fragen oder Probleme hat. Daher sagen solche Studien nichts über »die« Hochbegabten, sondern nur über die entsprechende Gruppe aus (z. B. Kinder, die in einer Hochbegabtenberatungsstelle vorgestellt werden). Dass sich dadurch ein schiefes Bild ergibt, wird durch einen vom Marburger Psychologie-Professor D.H. Rost gezogenen Vergleich anschaulich: Keiner würde von einer Befragung der Patienten in einem deutschen Arztwartezimmer auf den Gesundheitszustand der Deutschen schließen (vgl. zu diesem Thema auch die Studie von Freeman, 1979).

Gute Studien testen daher unausgelesene Gruppen, etwa komplette Schuljahrgänge im ganzen Land. Dieser Ansatz wurde z.B. im Marburger Hochbegabtenprojekt gewählt (neben diversen Artikeln und Büchern, die spezielle Fragestellungen bearbeiten, sind dazu zwei umfassende Überblicksbände erschienen: Rost, 1993a; 2000a). Aus über 7000 Kindern wurden in den 80er-Jahren die zwei Prozent intelligentesten ausgewählt und schwerpunktmäßig Ende der 80er- (4. Klasse) und Mitte der 90er-Jahre (9. Klasse) untersucht. Neben den Kindern/Jugendlichen wurden auch die Familien und Lehrkräfte in die Studie mit einbezogen, um verschiedene Informationsquellen zu nutzen. Den Familien und Schulen wurde damals nicht mitgeteilt, dass die Kinder hochbegabt sind, um Etikettierungseffekte zu vermeiden (etwa dass die Umgebung bestimmte Eigenschaften und Verhaltensweisen des Kindes erwartet, weil es hochbegabt ist, und folglich seinen Umgang mit dem Kind verändert).

Um zu überprüfen, ob die Ergebnisse nun typisch für die Hochbegabten oder ganz normal für diese Altersgruppe waren, wurden die Resultate den Befunden einer – auf die gleiche Weise ausgewählten und (abgesehen von der Hochbegabung) vergleichbaren – Gruppe durchschnittlich begabter Kinder gegenübergestellt. Im Gegensatz zu vielen Studien, die vorausgewählte Gruppen (z.B. aus Beratungsstellen) untersuchten und zum Teil massive Abweichungen Hochbegabter von anderen Menschen berichteten, fanden sich in dieser Studie kaum Unterschiede zwischen den Hochbegabten und den durchschnittlich Begabten.

Die Darstellung der Hochbegabten als besonders problembehaftet wird von soliden wissenschaftlichen Studien nicht bestätigt. Deutliche Probleme hat eine ca. 14 Prozent umfassende Teilgruppe der Hochbegabten, die sogenannten Underachiever. Das falsche Bild der Hochbegabten als generelle Problemgruppe kommt durch Untersuchungen an besonderen Gruppen wie Beratungsstellenklientel zustande und wird durch Medienberichte über dramatische Einzelfälle genährt.

Im Folgenden finden Sie beispielhaft einige Forschungsergebnisse verschiedener seriöser Studien über Hochbegabte.

Familien Hochbegabter

Für die optimale Entwicklung eines Kindes spielt die Familie eine entscheidende Rolle. Unabhängig davon, wie sich die Familie zusammensetzt bzw. wie man Familie definiert: Ihr Einfluss auf die intellektuelle und sozio-emotionale Entwicklung des Kindes ist unbestritten.[4] Auch ein hochbegabtes Kind braucht entsprechende Unterstützung, um sein Potenzial entfalten und sich positiv entwickeln zu können.

Von verschiedener Seite wurde oft die Frage gestellt, ob ein besonders begabtes Kind auch eine besondere Herausforderung für die Eltern ist und ob sich die Existenz eines Hochbegabten in der Familie auf diese in irgendeiner Weise auswirkt, etwa ob ein hochbegabtes Kind zu einer Vernachlässigung der Geschwister oder zu Rivalitäten unter den Geschwistern führe, da es besondere Aufmerksamkeit einfordere. Auch könnte es aufgrund seiner Fähigkeiten eine besondere Position einnehmen, also aufgrund des gut entwickelten Verstandes z. B. Dinge früher dürfen als normal begabte Geschwister. Es könnte aber auch durch höhere Ansprüche der Eltern besonders und vielleicht zu sehr gefordert werden. Die besonderen Bedürfnisse des Kindes könnten sich auf die Beziehungen der Familienmitglieder untereinander auswirken und das Familienklima beeinflussen. Auch könnten Eltern sich als besonders belastet empfinden. Darüber hinaus wurde gefragt, ob sich Familien mit hochbegabten Kindern besonderem Druck ausgesetzt fühlen, da ihr Kind aus dem Rahmen fällt und sie meinen, sich anpassen zu müssen. Konflikte mit der Umwelt, wie z. B. mit der Schule, könnten auftreten; Nachbarn, Bekannte, Freunde oder Familienmitglieder könnten Unverständnis zeigen und die Eltern als »Eislaufeltern« o. Ä. einstufen.

Derartige Überlegungen sind naheliegend und solche oder ähnliche Situationen können in Familien sicherlich vorkommen. Empirische Studien zu den Familien Hochbegabter zeichnen jedoch kein derart problematisches Bild. Vielmehr wurden bisher keine bzw. inkonsistente Unterschiede gefunden.[5] Familien mit Hochbegabten sind demnach weder generell Bilderbuchfamilien noch mit gravierenden Problemen belastet. In Einzelfällen gab es Probleme, aber nicht häufiger als in anderen Familien auch. Massive innerfamiliäre Konflikte und besondere Geschwisterrivalitäten wurden nicht überdurchschnittlich häufig gefunden. Vielmehr werden ein guter Zusammenhalt sowie gute Konfliktlösungsfähigkeiten berichtet.

Ein Beispiel: Schilling, Sparfeldt & Rost (2003; 2006) fanden keine Unterschiede zwischen Familien mit einem hochbegabten und Familien mit einem durchschnittlich begabten Jugendlichen. Sowohl die Jugendlichen als auch die Mütter und Väter unterschieden sich nicht in ihren Einschätzungen verschiedener Familienvariablen (u. a. emotionale Bindung innerhalb der Familie, Anpassungsfähigkeit an neue Gegebenheiten, Kommunikation). Tettenborn (1996) konnte auch im Grundschulalter keine massiven Unterschiede zwischen den Familien feststellen. Die Familien mit einem hochbegabten Kind unterschieden sich von Familien mit einem durchschnittlich begabten Kind weder bezüglich der Familiengröße noch der Geschwisterposition des untersuchten Kindes noch des Alters der Eltern bei der Geburt. Die Einschätzungen der Eltern hinsichtlich des familiären Zusammenhalts und der Flexibilität im Umgang miteinander sowie die kindliche Einschätzung seiner Beziehung zu den Familienmitgliedern waren vergleichbar.

Studien zeigen allerdings auch, dass die Familien Hochbegabter häufig einen höheren sozio-ökonomischen Status aufweisen als die Familien durchschnittlich Begabter.[6] D.h., dass diese Familien im Schnitt finanziell besser ausgestattet sind und den Kindern mehr Bildungsangebote machen können. »Im Schnitt« bedeutet, dass es natürlich auch Hochbegabte gibt, die unter widrigen Bedingungen aufwachsen, doch im Allgemeinen haben die Eltern einen höheren Bildungsabschluss und ist Bildung zu Hause geschätzt und wird gefördert.

Familien mit Hochbegabten sind insgesamt vermutlich nicht häufiger vor Probleme gestellt als andere Familien – auch für sie gelten die Faktoren, die eine gut funktionierende Familie ausmachen: So sind generell eine stabile Eltern-Kind-Beziehung, ein warmes, unterstützendes und gleichzeitig forderndes und Grenzen festlegendes Elternverhalten sowie eine gelingende Familienkommunikation entscheidende Variablen.[7]

Die Hochbegabung sollte daher nicht als Ursache von Schwierigkeiten gesehen werden. Vielmehr sollte bei Konflikten überlegt werden, wie die Familie und ihre Mitglieder – unter Beachtung bzw. Lösung aktueller Probleme – gestärkt werden können. Die oben genannten Variablen bieten Ansätze dazu an. Individuelle Wertschätzung und die Betonung unterschiedlicher Merkmale und Stärken reduzieren Geschwisterkonflikte.

> Familien mit Hochbegabten sind weder generell Bilderbuchfamilien noch mit gravierenden Problemen belastet. Allgemein wurden nicht auffällig mehr innerfamiliäre Konflikte als in anderen Familien gefunden, sondern ein guter Zusammenhalt sowie gute Konfliktlösungsfähigkeiten. Familien Hochbegabter weisen *im Durchschnitt* einen höheren sozio-ökonomischen Status auf, können ihren Kindern also oftmals eine solide finanzielle Ausstattung und einen anregenden Bildungshintergrund bieten.

Die Entwicklung Hochbegabter

Fallen Hochbegabte schon früh aus dem Rahmen? Entwickeln sie sich anders als andere Kinder? Über die Entwicklung Hochbegabter gibt es zwei konträre Einschätzungen. Vertreter der *Disharmonie-Hypothese*[8] gehen davon aus, dass Hochbegabung mit charakteristischen Problemen in zahlreichen Lebensbereichen einhergeht. So sollen Hochbegabte beispielsweise ganz andere Interessen als normal begabte Kinder haben und keinen Kontakt zu Gleichaltrigen finden. Vertreter der *Harmonie-Hypothese* sagen dagegen, dass sich eine hohe Begabung positiv auf die allgemeine Entwicklung auswirkt. Ein berühmter Vertreter dieser Position war Lewis M. Terman, der die erste große Längsschnittstudie zu Hochbegabung durchführte. Generell gibt es heute mehr Belege, dass sich Hochbegabte im Allgemeinen mindestens genauso gut entwickeln wie andere Kinder auch.

Buch, Sparfeldt & Rost (2006) untersuchten, ob Eltern Hochbegabter in der Entwicklung ihrer Kinder Auffälligkeiten bemerkt hatten. Die Eltern wussten zum Befragungszeitpunkt nicht, ob ihre Kinder hochbegabt waren oder nicht. Da – wie bereits erwähnt – viele Checklisten nahelegen, dass Hochbegabte schon recht früh zu erkennen seien, wurden Eltern hoch- und durchschnittlich begabter Kinder befragt, wie sie deren Entwicklung zum Befragungszeitpunkt in der 4. Klasse und im Rückblick auf die frühe Kindheit im intellektuellen, sozialen und körperlichen Bereich (d.h. Motorik und Gesundheit) erlebten und wie sie die seelische Stabilität des Kindes einordnen würden. Auch wurde gefragt, ob die Eltern ihr Kind als »schwierig« einstufen würden und ob es Besonderheiten gegeben habe.

Dabei zeigte sich, dass die Eltern der Hochbegabten die intellektuelle und sprachliche Entwicklung ihrer Kinder positiver beurteilten als die Eltern der durchschnittlich Begabten. Zur sozialen Entwicklung und seelischen Stabilität wurden von den Eltern beider Gruppen jedoch ähnliche Angaben gemacht. Die

Eltern der Hochbegabten schätzten ihr Kind auch nicht häufiger als schwierig in seiner Entwicklung ein. Auch bezüglich des allgemeinen körperlichen Entwicklungsstandes und der Gesundheit unterschieden sich die Elternangaben nicht, lediglich in der motorischen Entwicklung wurden die Hochbegabten als etwas weiter eingestuft.

Freie Angaben der Eltern in Interviews zu Besonderheiten der kindlichen Entwicklung stützten das oben Beschriebene: Hochbegabte wurden nicht als besonders problembehaftet und auffällig erlebt. Einschätzungen, die typische Checklistenitems widerspiegeln (z. B. altersuntypische Interessen und geringes Schlafbedürfnis), fanden sich in den Elternangaben nicht überzufällig häufig und auch nicht häufiger bei den Eltern der Hochbegabten. Sie kamen – insgesamt betrachtet – nur sehr selten vor.

Andere Studien fanden ebenfalls kaum Unterschiede im Sinne der typischen Checklistenangaben oder diese nur an besonderen Stichproben.[9] Es spricht also wenig dafür, dass die Entwicklung Hochbegabter wesentlich anders verläuft – und von den Familien anders wahrgenommen wird – als die Nicht-Hochbegabter, abgesehen von der Intelligenz und verwandten Bereichen.

> Die Entwicklung Hochbegabter unterscheidet sich von der Entwicklung anderer Kinder – abgesehen vom intellektuellen Bereich – offensichtlich kaum.

Interessen

Spezielle Freizeitangebote für Hochbegabte gibt es immer zahlreicher. Oft wird gesagt, Hochbegabte bräuchten solche Angebote, da sie andere Interessen hätten als »normale« Kinder. Diese Meinung entsteht sicher zu einem großen Teil dadurch, dass fast alle Ratgeber und Infobroschüren behaupten, Hochbegabte hätten besondere oder abweichende Interessen. Vor allem Checklisten (s. Kapitel »Wie hilfreich sind Checklisten?«, S. 44f.) für Eltern oder Lehrkräfte zur »Identifikation« von Hochbegabung tragen zu diesem Mythos bei. Dort findet man oft scheinbar typische Interessen und entsprechende Verhaltensweisen als angebliche Anzeichen für Hochbegabung.

Nach verschiedenen Checklisten (z.B. Broschüre des Bundesministeriums für Bildung und Forschung, 2003; Beratungsleitfaden von Elbing, 2000; Lehrercheckliste des britischen Erziehungsministeriums in Heinbokel, 1988; 1996) sollen Hochbegabte eine große intellektuelle Neugier haben und schnell auf neue Ideen reagieren. Sie sollen mehrere Hobbys sowie ein breites Spektrum an Interessengebieten haben und sich bei der Verfolgung dieser Interessen lange konzentrieren können. Sie würden sich für »Erwachsenenthemen« wie Religion, Philosophie, Politik, Umweltfragen, Sexualität, Gerechtigkeit bzw. für Probleme der Menschheit und des Universums (Probleme des Ursprungs und des zukünftigen Schicksals) interessieren. Außerdem sollen sie sehr viel von sich aus lesen und Bücher bevorzugen, die über die Altersstufe deutlich hinausgehen, des Weiteren unterschiedlichen Lesestoff lieben, häufig eine Bücherei besuchen und sich dort gut auskennen.

Die meistgenannten angeblichen Eigenschaften lassen sich zusammenfassend drei Beschreibungen zuordnen:

1. Viele Autoren behaupten, Hochbegabte hätten ein *breites Interessenspektrum und/oder besonders hohes Interesse*.
2. Thematisiert wird auch häufig ein Entwicklungsvorsprung, nämlich das *Interesse für Material (Bücher, Spiele) und Themen höherer Altersgruppen*.

3. Manche stellen den Hochbegabten klischeehaft als »kleinen Forscher«, »kleinen Erwachsenen« oder »kleinen Professor« mit *geringem Interesse an alterstypischen Beschäftigungen* dar.

Wissenschaftlich belegt sind diese Angaben jedoch nicht. Betrachtet man die vorhandenen Studien, so zeigt sich, dass Hochbegabte im Kindesalter keine außergewöhnlichen Interessen und Freizeitbeschäftigungen haben (Überblick: Pruisken, 2004). Ein angeblich reiferes bzw. variableres und kooperativeres Spiel im *Kindergartenalter* ist nicht ausreichend nachgewiesen, die Aussagen beruhen auf Studien an kleinen und selektiven Gruppen.[10] Die überwiegende Mehrzahl der Studien an hochbegabten *Kindern ab dem Grundschulalter* kann keine allgemeinen Interessenunterschiede belegen. Vor allem die methodisch besseren Untersuchungen berichten keine oder nur unwesentliche Gruppenunterschiede.[11] Lediglich im Lesen sowie im mathematisch-kognitiven Bereich deuten sich Unterschiede an, die aber nur in einem Teil der Studien durch Kontrollgruppenvergleiche belegt sind.[12]

Oft handelt es sich um Resultate der Untersuchung schon bestehender Gruppen, etwa der Teilnehmer an Förderprogrammen. Diese Hochbegabten, die (in den meisten Fällen) besonders gefördert werden, scheinen sich demnach stärker für Inhalte zu interessieren, die Denken und (mathematisches) Knobeln erfordern. Ferner lesen sie anscheinend mehr und auf höherem Niveau. Es ist jedoch nicht verwunderlich, dass sich Teilnehmer an mathematischen Förderprogrammen besonders für Mathematik interessieren.

Allerdings gibt es Hinweise, dass dies auch für unausgewählte Gruppen gilt. So traten beispielsweise bei Grundschulkindern im Marburger Hochbegabtenprojekt in den Bereichen »Literatur/Sprache/Lesen« und »Mathematik« statistisch bedeutsame Unterschiede auf (Pruisken, 2005). Die Hochbegabten interessierten sich etwas mehr für diese Bereiche als durchschnittlich begabte Grundschulkinder. Die Effekte fielen allerdings gering aus. In den Augen der Eltern lasen die Hochbegabten auch mehr und besaßen mehr Bücher. Es zeigen sich also Unterschiede, diese sind aber so gering, dass nicht von wesentlich anderen Interessen Hochbegabter ausgegangen werden kann. In den meisten Bereichen war das Interesse außerdem gleich hoch.

Viel auffälliger waren die Interessenunterschiede zwischen Mädchen und Jungen, und zwar sowohl bei durchschnittlich Begabten als auch bei Hochbegabten. Deutliche Geschlechtsunterschiede (wie gesagt, viel größer als die Unterschiede zwischen den Begabungsgruppen) traten in nahezu allen Bereichen auf: Mädchen interessierten sich stärker für den sprachlichen Bereich, Musik, Natur, Kunst, kreative sowie häusliche Beschäftigungen und soziale Tätigkeiten, Jungen dagegen stärker für Technik und Konstruktion, Mathematik und Wirtschaft. Im Bereich Sport wählten Jungen und Mädchen unterschiedliche Bewegungsarten. Mädchen und Jungen unterscheiden sich in den Interessen also viel markanter als hochbegabte und nicht-hochbegabte Kinder!

Bei hochbegabten *Jugendlichen* wurde ein größeres Interesse an theoretischen akademischen Inhalten, an Mathematik, Naturwissenschaften und an Forschung gefunden.[13] Diese Daten wurden aber meist an Stipendiaten oder Schülern spezieller Schulen erhoben, die Zahl methodisch akzeptabler Studien ist gering. Es ist zu vermuten, dass unausgelesene Hochbegabtengruppen auch in anderen Altersklassen nicht wesentlich von durchschnittlich begabten Altersgleichen differieren. Rost & Hoberg (1998; Hoberg & Rost, 2000) konnten an einer unausgelesenen Stichprobe Jugendlicher der 9. Klassenstufe nur kleine und unsystematische Unterschiede zwischen Hoch- und durchschnittlich Begabten nachweisen. Die Hochbegabten zeigten ein etwas geringeres Interesse an »konsum-, medien- und vergnügungsorientierter Freizeitgestaltung« sowie ein geringfügig höheres Interesse in einzelnen Bereichen. Sparfeldt (2006) fand an einer unausgelesenen Hochbegabtengruppe ein höheres Interesse an intellektuell-forschenden beruflichen Tätigkeiten. In den meisten Berufsinteressenbereichen unterschieden sie sich nicht von der durchschnittlich begabten Vergleichsgruppe junger Erwachsener, nur das Interesse an beruflichen Tätigkeiten im sozialen Bereich (wie Unterrichten, Pflegen etc.) war geringfügig kleiner.

Zusammenfassend sprechen die Ergebnisse dafür, dass sich hochbegabte Kinder und Jugendliche hinsichtlich ihrer Interessen und Freizeitbeschäftigungen im Allgemeinen nicht von ihren Altersgenossen unterscheiden. In der Mehrzahl der Interessengebiete gibt es keine Unterschiede. Es ist möglich, dass einige Hochbegabte, wohl bedingt durch eine schnellere kognitive Entwicklung, nicht nur früher, sondern auch lieber und auf höherem inhaltlichen Niveau lesen. Dies ist aber noch nicht ausreichend erforscht. Einige Befunde sprechen für ein größeres Interesse der Hochbegabten an mathematischen Inhalten und zum Denken herausfordernden Beschäftigungen. Eine stärkere Neigung zu Naturwissenschaften und Forschung wird ebenfalls berichtet. Hochbegabte verlieren dabei aber nicht generell das Interesse an alterstypischen Aktivitäten, sondern entwickeln vermutlich zusätzlich ein ausgeprägtes intellektuell forschendes Interesse.

Hochbegabte haben laut verschiedenen Studien im Schnitt ähnliche Interessen wie andere Kinder und Jugendliche. Geringfügig stärker interessieren sie sich für sprachliche, mathematische und forschende Bereiche. Die Unterschiede zwischen Mädchen und Jungen sind viel größer als die zwischen Hoch- und durchschnittlich Begabten.

Soziale Kontakte

Immer wieder wird berichtet, Hochbegabte seien isoliert und fänden keine Freunde. Schnell erscheint das Bild des hochgescheiten, Brille tragenden Außenseiters vor Augen. Aber stimmt dies? Ist Hochbegabung ein Risikofaktor für Einsamkeit? Glaubt man Medienberichten, so hängt dies eins zu eins zusammen. Auch Berichte in Ratgebern oder sogar manchem wissenschaftlichem Buch zu Hochbegabung legen dies nahe. So berichten Davis & Rimm (2004), Hochbegabte entwickelten keine guten sozialen Kompetenzen und fänden keine Freunde, da sie andere Interessen hätten. Übereinstimmend zeigen dagegen gut gemachte Studien, dass Hochbegabte (insbesondere im Grundschulalter) mindestens so beliebt und integriert sind wie andere Kinder bzw. dass intelligentere Kinder sogar beliebter sind.[14]

Dies ändert sich auch nicht im Laufe der Entwicklung. So zeigte eine Studie des Marburger Hochbegabtenprojekts, dass auch hochbegabte Jugendliche in dieser Hinsicht ganz normal sind (Schilling, 2002). Hochbegabte Mädchen und Jungen sind sozial interessiert und aus Sicht ihrer Umwelt auch sozial kompetent. Hochbegabte Jugendliche haben nicht weniger Freunde als durchschnittlich Begabte und gehören ebenso häufig zu einer Clique wie die anderen auch. Die gute soziale Integration bestätigen auch ihre Eltern und Lehrkräfte. Auch haben Hochbegabte ähnlich häufig einen guten Freund wie normal Begabte. Es könnte sein, dass hochbegabte Jugendliche vielleicht etwas anspruchsvoller bei der Wahl ihrer Freunde sind, dies ist aber noch nicht ausreichend erforscht. Hochbegabte fühlen sich nicht häufiger »anders« als andere Jugendliche und wählen im Mittel auch nicht häufiger ältere Freunde als durchschnittlich begabte Jugendliche. Ähnliche Ergebnisse finden sich bei Kovaltchouk (1998). Generell leiden also die wenigsten hochbegabten Jugendlichen unter Einsamkeit und Isolation, Mangel an Freunden oder dem Unverständnis Gleichaltriger.

> Hochbegabte Mädchen und Jungen sind sozial interessiert und aus Sicht ihrer Umwelt auch sozial kompetent. Hochbegabte sind mindestens so beliebt und integriert wie andere Kinder. Sie haben vergleichbar viele Freunde wie durchschnittlich Begabte.

Persönlichkeit

Auch im Bereich der Persönlichkeit werden konträre Ansichten vertreten. Diese haben eine lange Tradition:[15] Es gibt zum einen diejenigen, die bei Hochbegabung an »Genie und Wahnsinn« denken. Sie gehen eher von einer Disharmonie aus und behaupten, Hochbegabte hätten eine auffällige Persönlichkeit. Demnach zeigten sie häufiger Verhaltensauffälligkeiten und seien emotional labiler.[16] Zum anderen gibt es diejenigen, die Hochbegabte als wenig(er) auffällig einstufen. Solide Studien erkennen im Bereich der Persönlichkeit wenig Unterschiede zwischen Hochbegabten und normal Begabten – und wenn es Unterschiede gibt, dann eher positive Abweichungen.[17] So erwiesen sich Hochbegabte in Studien im Grundschulalter als selbstbewusst, lernmotiviert, weniger ängstlich und aus Sicht ihrer Lehrkräfte reifer und sicherer als durchschnittlich Begabte.[18] Auch werden ihnen eine höhere Konzentrationsfähigkeit sowie bessere schulische soziale Anpassung bescheinigt.[19] Lehrkräfte und Eltern bewerten hochbegabte Kinder in der Regel mindestens so positiv wie andere Kinder.[20] Teilweise werden überdurchschnittlich begabte Grundschulkinder sogar positiver eingeschätzt als andere Gleichaltrige mit durchschnittlicher Begabung.[21]

Im Jugendalter unterscheiden sich Hochbegabte insgesamt ebenfalls kaum von anderen Jugendlichen. Sie sind emotional stabil und psychosozial angepasst.[22] Dies gilt nicht nur, aber auch für Jugendliche, die an Förderprogrammen teilnehmen bzw. besonders leistungsstark sind.[23]

> Für die Annahme, dass »Genie« mit »Wahnsinn« einhergeht, gibt es keine Belege. Die Persönlichkeit Hochbegabter ist meist unauffällig.

Selbstkonzept

Hochbegabte sind sich ihrer sehr guten Begabung in der Regel bewusst – auch wenn die Intelligenz nicht getestet wurde bzw. sie die Testergebnisse nicht kennen. Sie besitzen ein sehr gutes *Selbstkonzept* ihrer schulischen und akademischen Fähigkeiten.[24] Im Allgemeinen lernen Hochbegabte gerne und weisen eine positive Arbeitshaltung auf.[25] Sie sind anstrengungsbereit und davon überzeugt, ihre Ziele erreichen zu können.[26]

Bei der Einschätzung ihrer Kompetenzen und ihres Einflusses auf ihre schulische Leistung orientieren sich Hochbegabte offensichtlich an ihren auch entsprechend hohen Leistungen und sind dementsprechend zuversichtlich.[27] Dies fällt auch Eltern und Lehrkräften auf, wenn sie hochbegabte Kinder und Jugendliche sowie durchschnittlich Begabte einschätzen sollen (ohne natürlich zu wissen, welche Begabungshöhe das Kind aufweist): Sie stufen die Hochbegabten als besonders leistungsfähig ein.[28] Solche Einschätzungen der Umgebung (hervorgerufen durch entsprechend gute Leistungen) tragen – gepaart mit schulischen Erfolgen – sicher deutlich zum positiven Selbstbild der Hochbegabten bei.

Dieses erstreckt sich jedoch nicht nur auf (schulische) Leistung (was ja bei der guten Begabung nicht verwunderlich ist). Hochbegabte schätzen sich auch in anderen Bereichen mindestens so positiv ein wie andere Kinder und Jugendliche. So sind ihr *allgemeines Selbstkonzept* und ihr *Selbstwertgefühl,* also die Bewertung ihrer Person bezogen auf sämtliche die Person betreffenden Eigenschaften, mindestens genauso gut oder sogar besser ausgeprägt als bei Kindern von Vergleichsgruppen oder bezogen auf die Vergleichsdaten von Fragebogen.[29] Im Teilbereich »soziales Selbstkonzept« schätzen sie sich genauso gut bzw. nicht wesentlich schlechter ein als durchschnittlich begabte Jugendliche oder junge Erwachsene.[30]

Hochbegabte haben im Schnitt ein genauso positives Bild ihrer Person wie andere auch, ihre intellektuelle Leistungsfähigkeit schätzen sie oftmals höher ein als andere.

Geschlechtsunterschiede

Frauen und Männer sowie Mädchen und Jungen unterscheiden sich nicht nur physisch voneinander. Auch Unterschiede im Denken, Empfinden und Handeln konnten vielfach nachgewiesen werden.[31] Befunde legen nahe, dass Männer und Frauen im Schnitt ähnlich intelligent sind, aber die Intelligenzverteilung der Männer stärker streut als die der Frauen. Das bedeutet, es gibt (etwas) mehr geistig behinderte und hochbegabte Männer als Frauen. Dabei handelt es sich aber nicht um so große Unterschiede, dass man auf den Gedanken kommen sollte, die Identifikation und Förderung hochbegabter Mädchen zu vernachlässigen.

In der allgemeinen Intelligenz, die ja mit dem Gesamt-IQ des Intelligenztests gemessen wird, schneiden Frauen und Männer im Schnitt ähnlich gut ab. Vorteile haben die Geschlechter jeweils in einzelnen Bereichen (gemäß den Teilaufgaben des Intelligenztests): Frauen bei sprachlichen Aufgaben, Männer beim räumlichen Vorstellungsvermögen und bei mathematischen Aufgaben. Wichtig ist allerdings dabei zu bedenken, dass es sich um Mittelwertunterschiede handelt. Dies bedeutet nicht, dass Männer sprachlich und Frauen mathematisch unbegabt sind oder keine ausgeprägten Begabungen in diesen Bereichen aufweisen können, aber es gibt im Durchschnitt etwas mehr sprachlich begabte Frauen als Männer und eine größere Zahl mathematisch begabter Männer als Frauen.

In ihren Einstellungen und Interessen unterscheiden sich die Geschlechter dagegen deutlich. Mädchen bzw. Frauen interessieren sich im Schnitt mehr für Lesen, Literatur und Sprache, Kunst, Musik, Biologie sowie soziale Tätigkeiten und Berufe, Jungen bzw. Männer dagegen stärker für Mathematik, Technik,

Naturwissenschaften, Politik und Wirtschaft. Diese Unterschiede in Interessen, Zielsetzungen, Berufswahlen und Hobbys wurden von Wissenschaftlern vielfach bestätigt.[32]

Auch bei Hochbegabten gibt es diese bekannten klassischen Geschlechtsunterschiede.[33] Jedoch wird in der Forschungsliteratur Unterschiedliches über deren Ausprägung berichtet. Es finden sich sowohl Autoren, die annehmen, bei Hochbegabten seien diese geringer ausgeprägt, als auch Aussagen, Hochbegabte seien hiervon in besonderem Maße betroffen oder würden besonders darunter leiden. Immer wieder wird z. B. von einer besonderen »Vulnerabilität« (Verletzbarkeit) oder von speziellen Problemen hochbegabter Mädchen gesprochen. So wird behauptet, hochbegabte Mädchen hätten ein breiteres Interessenspektrum und würden seltener Spezialisierungen entwickeln als Jungen.[34] Daher würden sie nicht so häufig Spitzenleistungen erreichen.[35] So stellt Stapf (2003) fest, hochbegabte Mädchen seien häufiger vielseitig begabt als Jungen und kämen dadurch in Entscheidungsschwierigkeiten (z. B. bei der Berufswahl). Auch wird beklagt, Mädchen würden sich häufig den Leistungen und Interessen der Mitschüler anpassen (Bundesministerium für Bildung und Forschung, 2003). Stapf (2003) nimmt eine Art »Zwischenstellung« der hochbegabten Mädchen zwischen durchschnittlich begabten Mädchen und hochbegabten Jungen an, die zu Isolierung oder Anpassungsdruck führen könne.

Kerr & Nicpon (2003) beschreiben hochbegabte Mädchen als *weniger* an den traditionellen Geschlechtsrollen orientiert, sie ähnelten hochbegabten Jungen.[36] Überhaupt wird in diesem Zusammenhang häufig berichtet, hochbegabte Kinder, insbesondere Mädchen, orientierten sich weniger an den typischen Geschlechtsrollen als durchschnittlich begabte; die Interessen, Einstellungen und Ziele der Mädchen ähnelten eher denen von Jungen.[37]

Ob sich hochbegabte Mädchen und Frauen in ihren Interessen Jungen bzw. Männern angleichen und sich z. B. mehr für technische/naturwissenschaftliche/mathematische Inhalte und Berufe interessieren als durchschnittlich begabte Mädchen, ist noch nicht hinreichend geklärt.[38] Es gibt Anzeichen, dass sich hochbegabte Mädchen und Frauen *zusätzlich* zu den traditionell weiblichen Inhalten auch für eher maskuline Bereiche interessieren. Es gibt aber auch Hinweise, dass *Mädchen allgemein* (also nicht nur hochbegabte) eine größere Interessenvielfalt aufweisen als Jungen, also Interesse für weibliche *und* männliche Gebiete zeigen und zunehmend (wenn auch langsam) männliche Domänen erobern.

Wären hochbegabte Mädchen und Jungen einander ähnlicher bzw. noch verschiedener als andere Mädchen und Jungen, so müssten die Unterschiede zwischen ihnen (z.B. bezüglich ihrer Interessen) kleiner bzw. größer ausfallen als die zwischen durchschnittlich begabten Jungen und Mädchen (sogenannte »Wechselwirkungshypothese«). Insgesamt ist aber hinreichend belegt, dass die Geschlechtsunterschiede zwischen hochbegabten Jungen und Mädchen in den meisten Gebieten nicht größer oder geringer sind als zwischen durchschnittlich begabten. Wie bereits dargestellt, unterscheiden sich Hochbegabte in ihren Interessen kaum von ihren durchschnittlich begabten Geschlechtsgenossen.[39] Auch in anderen Bereichen – wie der Einschätzung der eigenen Fähigkeiten, Einflussmöglichkeiten auf Schulleistungen, Anstrengungsfähigkeit, den Beziehungen zu Gleichaltrigen – konnte man keine zusätzlichen Unterschiede und damit keine erhöhte Vulnerabilität feststellen.[40]

Hochbegabte Mädchen können zwar durchaus Probleme haben, diese ähneln aber weitgehend denen anderer Mädchen und Frauen. So haben Mädchen in manchen Bereichen (z.B. Mathematik) ein geringeres Selbstkonzept als Jungen, obwohl sie mindestens so gute, wenn nicht bessere Leistungen zeigen. Mädchen sind also kritischer mit sich. Sie führen gute Leistungen auch häufiger auf Glück oder Anstrengung als auf ihre Begabung zurück. Auch die Umwelt macht solche ungünstigen Beurteilungsfehler: Ein leistungsstarkes Mädchen hält man oft für besonders fleißig. So übersieht man begabte Mädchen leichter. Auch wählen Mädchen oftmals Ausbildungen oder Studiengänge, die geringere Aufstiegsmöglichkeiten und folglich ein geringeres Gehalt bedeuten. In höheren Positionen findet man immer noch deutlich weniger Frauen als Männer, obwohl inzwischen mehr Mädchen als Jungen das Abitur ablegen und die Zahl der männlichen und weiblichen Hochschulanfänger ähnlich ist.[41]

Daher erscheint es wichtig, gerade auch begabte Mädchen in ihrem Selbstwert zu stärken, geschlechtstuntypische Interessen nicht abzuwerten und entsprechende Hobbys und Berufe zu ermöglichen. Man sollte speziell bei Mädchen besonders wachsam sein und bei zunehmendem Rückzug auch eine Unterforderung in Betracht ziehen. Denn Mädchen reagieren bei Schwierigkeiten anders als Jungen. Sie tragen ihre Probleme nicht so deutlich nach außen wie Jungen (die dann z. B. den Unterricht stören oder aggressiv werden), sondern ziehen sich zurück und entwickeln eher psychosomatische Beschwerden und depressive Symptome.[42]

Auf der anderen Seite darf nicht übersehen werden, dass Jungen öfter durch unterschiedlichste Probleme und abweichendes Verhalten auffallen. In Erziehungsberatungsstellen werden wesentlich häufiger Jungen vorgestellt,[43] das Verhältnis liegt – auch in speziellen Hochbegabungsberatungsstellen – bei 1:2 oder 1:3.[44] Gründe dafür sind oft Verhaltensauffälligkeiten der Jungen, Probleme im Sozialverhalten[45] sowie schulische Leistungsprobleme[46]. Dieses Ungleichgewicht liegt zum einen daran, dass Mädchen ihre Probleme nicht derart nach außen tragen, zum anderen treten verschiedene psychische Störungen auch häufiger bei Jungen auf (z. B. ADHS/Hyperaktivität und Impulsivität).[47]

Wenn Mädchen in eine Hochbegabungsberatungsstelle kommen, so geschieht dies seltener aufgrund von Problemen: Mädchen werden in den begabungsbezogenen Beratungsstellen eher mit allgemeineren Förderfragen[48] bzw. Fragen zur Schullaufbahn (wie Überspringen oder Schulwahl)[49] vorgestellt. Die Anpassung der Mädchen könnte folglich auch Vorteile haben:

Vielleicht werden Mädchen gerade wegen einer unproblematischen Entwicklung häufiger von Erziehern, Lehrkräften und Beratern für Maßnahmen wie das Überspringen einer Klasse oder eine vorzeitige Einschulung vorgeschlagen,[50] während Jungen wegen bestehender Schwierigkeiten (wie Verhaltensauffälligkeiten) dafür nicht geeignet erscheinen. Zumindest berichtet Heinbokel (2006), dass in ihrer Untersuchung zum Überspringen von Klassen 69 Prozent der Springenden am Gymnasium Mädchen waren – an der Grundschule war es allerdings umgekehrt. Älteren Mädchen scheint die Umwelt also eher einen Wechsel in eine höhere Stufe vorzuschlagen, während sie einem Jungen einen solchen (z. B. wegen scheinbar mangelnder sozial-emotionaler Reife) weniger zutraut. Diese Überlegung müsste jedoch überprüft werden.

Festzuhalten ist, dass hochbegabte Jungen und Mädchen generell jeweils nicht als »Problemgruppe« gesehen werden sollten. Im Vergleich der Geschlechter miteinander gibt es keine »Gewinner« oder »Bevorzugte«. Die Forschung zu Geschlechtsunterschieden trägt dieser Erkenntnis schon länger Rechnung: Nachdem sie sich einige Jahre lang besonders den als benachteiligt erschienenen Mädchen gewidmet hatte, haben sich Forscher in den letzten Jahren auch den Jungen zugewandt, um beiden Geschlechtern eine optimale Entfaltung zu ermöglichen.

> Hochbegabte Mädchen und Jungen unterscheiden sich in ähnlichem Maße in ihren Interessen und Selbsteinschätzungen voneinander wie durchschnittlich Begabte. Eine besonders problematische Situation hochbegabter Mädchen scheint nicht zu bestehen – hochbegabte Mädchen sollten wie andere Mädchen (und Jungen) gestärkt werden, ihre Begabung einzusetzen und ihre Interessen zu verfolgen.

Anmerkungen

1 u. a. Terman, 1925; Holahan & Sears, 1995
2 vgl. Rohrmann & Rohrmann, 2005
3 vgl. z. B. Hanses & Rost, 1998a
4 vgl. Brunner, 2006; sowie Schneewind, 2006
5 Überblick bei Tettenborn, 1996; vgl. auch Schilling, Sparfeldt & Rost, 2003; 2006
6 beispielsweise Terman, 1925, S. 61–83; Barbe, 1956; Kincaid, 1969; Painter, 1981; Albrecht & Rost, 1983; Gross, 1993; Albert, 1994; s. a. Tettenborn, 1996, S. 73 f.
7 Brunner, 2006; Schneewind, 2006
8 zu verschiedenen Theorien vgl. Mönks, 1963
9 z. B. McGuffog, Feiring & Lewis, 1987
10 Barnett & Fiscella, 1985; Kitano, 1985; Lupkowski, 1989
11 s. Terman, 1925; Witty & Lehman, 1927; Cassel & Hendsch, 1962; Painter, 1981; Rost & Hanses, 1992; 1993; 1994; Pruisken, 2005
12 Terman, 1925; Witty & Lehman, 1927; Thorndike, 1939; 1940; Kincaid, 1969; Cox, 1977; Painter, 1981; Harty & Beall, 1984; Anderson, Tollefson & Gilbert, 1985; Konstat, Berry & Katragadda, 1988; Case, 1994; Pruisken, 2005; Pruisken & Rost, 2005
13 Warren & Heist, 1960; Heist, McConnell, Mastler & Williams, 1961; Nichols & Davis, 1964; Schlichting, 1968; Fox, Pasternak & Peiser, 1976; Olszewski-Kubilius & Kulieke, 1989
14 Czeschlik & Rost, 1988; 1995; Rost & Czeschlik, 1994; Robinson & Noble, 1991; Austin & Draper, 1981; Schneider, 1987; Terman, 1925
15 vgl. Becker, 1978
16 vgl. Schmidt, 1977; 1982
17 vgl. den Überblick von Olszewski-Kubilius, Kulieke & Krasney, 1988
18 Rost, 1993b
19 Czeschlik, 1993
20 Burks, Jensen & Terman, 1930
21 Rost & Czeschlik, 1990; 1994
22 Burks, Jensen & Terman, 1930; Schlichting, 1968; Freund-Braier, 2001
23 Kovaltchouk, 1998; Metha & McWirther, 1997
24 Hoge & Renzulli, 1993; Rost & Hanses, 2000; Schütz, 2000
25 Freund-Braier, 2001
26 Dörner, 1993; Schütz, 2000
27 Schütz, 2004

28 Rost, 1993b; Freund-Braier, 2000
29 Schneider, 1987; vgl. Hattie, 1992
30 Rost & Hanses, 2000
31 s. Kasten, 2006; zum Thema Intelligenz s. Eysenck, 2004
32 Todt, 1978, S. 166–184; Colley, 1986, S. 233–249; Todt, 2000; Lowman & Carson, 2003, S. 473, 476
33 Eccles, 1985
34 vgl. Bundesministerium für Bildung und Forschung, 2003; Holling & Kanning, 1999
35 z.B. Jost, 1999; Bundesministerium für Bildung und Forschung, 2003, S. 66
36 s.a. Calic-Newman, 2003, S. 390
37 Kerr & Nicpon, 2003, S. 495; ähnlich auch Calic-Newman, 2003, S. 390
38 vgl. Pruisken & Rost, 2005; Hoberg & Rost, 2000
39 Rost & Hoberg, 1998; Hoberg & Rost, 2000; Pruisken, 2005; Pruisken & Rost, 2005; Sparfeldt, 2006; Übersicht: Rost, 1991c, S. 240f.
40 Rost & Hanses, 2000; Schütz, 2000; Schilling, 2000
41 Daten des Statistischen Bundesamts
42 vgl. Detzner & Schmidt, 1988
43 vgl. Hundsalz, 1995; 1996; Menne, 2001
44 Kalinowski-Czech, 1988; Freese, 1989; Prado & Wieczerkowski, 1990; Keller, 1990; 1992; Elbing & Heller, 1996; Wieczerkowski & Prado, 1993; Wittmann, 2003; Pruisken & Fridrici, 2005
45 Elbing & Heller, 1996; Stapf, 2003; Wittman, 2003; Pruisken & Fridrici, 2005
46 Keller, 1992; Elbing & Heller, 1996; Wittman, 2003
47 Döpfner, 2006
48 Elbing & Heller, 1996
49 Keller, 1992
50 vgl. Pruisken & Fridrici, 2005

Kapitel 4

Wie kann man hochbegabte Kinder und Jugendliche fördern?

Zunächst etwas Grundsätzliches: Förderung sollte immer auf das individuelle Kind abgestimmt werden. Dazu können Sie sich folgende Fragen stellen: Was kann mein Kind schon? Was interessiert es? Und wo sollte es vielleicht noch etwas dazulernen, d. h., was fällt ihm noch schwer? Sie sollten also immer auch überlegen, was das Ziel der Förderung ist: Vermeidung von Langeweile, höhere Leistung, Ausgleich von Defiziten, Kennenlernen neuer Bereiche und Erweiterung des Interessenspektrums, Ausgleich und Entspannung, neue soziale Kontakte etc.

Fördermaßnahmen sollten aufeinander abgestimmt erfolgen, also schulische und außerschulische Angebote sich möglichst ergänzen. Ein Drittklässler wird sich im Englischunterricht furchtbar langweilen, wenn er vorher bereits drei Kinderenglischkurse absolviert hat. Wichtig ist daher auch eine langfristige Planung der Maßnahmen. Es ist sehr frustrierend für ein Kind, wenn die tolle Fördermaßnahme schnell und plötzlich endet.

Auch sollte ein ausgewogenes Verhältnis zwischen Angeboten wie speziellen Programmen bzw. Zusatzkursen und Möglichkeiten eigenen Entdeckens und selbstgesteuerten Lernens bestehen. Im Allgemeinen erscheinen integrative Maßnahmen, die das Kind in seiner Klasse belassen und dort mit herausfordernden Angeboten fördern, geeigneter als Sondermaßnahmen wie der Besuch einer Hochbegabtenschule. Sinnvolle Hinweise zur Konzeption von Fördermaßnahmen geben Feger (1987) sowie Rohrmann & Rohrmann (2005).

Generell empfiehlt es sich, Kinder nicht in ihrem Wissensdurst zu bremsen (nach dem Motto: »Lesen lernst du erst in der Schule.«), aber auch keine zu starke Förderung im Sinne eines systematischen Trainings zu betreiben (zum Umgang mit kaum zu bändigendem Wissensdurst s. auch S. 103 ff.). Im Folgenden werden verschiedene schulische und außerschulische Fördermaßnahmen beschrieben (für einen Überblick s. z. B. Feger & Prado, 1998, S. 142–162).

Welche Fördermöglichkeiten zu Hause bzw. am Nachmittag gibt es?

Förderung muss nicht Rundumprogramm oder teure Kurse heißen. Ein erster Schritt ist schon das Bereitstellen entsprechender Materialien, etwa (Sach-)Bücher, Spielmaterialien, Rätselhefte, CD-ROMs. Gerade in den letzten Jahren hat die Zahl kindgerechter Sachbücher stark zugenommen. Auch gibt es Experimentieranleitungen, um naturwissenschaftliche Phänomene zu entdecken, schon ab dem Kindergartenalter (vgl. z. B. die Bücher von Lück, 2005; 2006).

Werden Sie Mitglied in der örtlichen Kinderbücherei, dort kann man günstig Bücher und gute Kinder-CD-ROMs entleihen. Eine gute Software ermöglicht, Verschiedenes und immer wieder Neues zu entdecken, auf unterschiedlichen Niveaus und selbstständig mit der CD zu arbeiten. Es sollte eine vom Kind nutzbare Hilfefunktion haben und Rückmeldung geben. Über gute Kinder-Software und einzelne CD-ROMs informiert z. B. das Büro für Kindermedien in Berlin (www.feibel.de).

Das Abonnement einer ansprechenden Kinder- oder Jugendzeitschrift beliefert das Kind regelmäßig mit interessanten Ideen und Informationen. Begabte Kinder lieben oft Spiele, bei denen man nachdenken, strategisch vorgehen oder knobeln muss. Scheuen Sie sich nicht davor, bei den Altersempfehlungen ein bisschen höher zu greifen, wenn Sie die Erfahrung gemacht haben, dass Ihr Kind diese Bücher und Spiele bereits versteht.

Ermöglichen Sie Ihrem Kind ansprechende Freizeitaktivitäten. Hat es schon Nachmittagsbeschäftigungen? Vor allem wenn es in der Schule nicht ganz so spannend ist, kann es für das Kind eine wichtige Erfahrung sein, am Nachmittag »etwas für den Kopf« geboten zu bekommen, bei dem es gefordert wird und sich anstrengen muss. Das Erlernen einer weiteren Fremdsprache, Computerkurse, Schreibwerkstätten, mathematische Knobeleien, anspruchsvolle Spiele wie Schach, das Erlernen eines Musikinstruments verschaffen beispielsweise solche Gelegenheiten. Manche Aktivitäten, wie Einzelunterricht in einem Musikinstrument, können darüber hinaus individuell an das Lerntempo und den Lernstand des Kindes oder des Jugendlichen angepasst werden.

Neben regelmäßigen organisierten Freizeitangeboten sind selbstverständlich auch Aktivitäten mit der Familie (Museumsbesuch o. Ä.) oder zeitbegrenzte Workshops für Kinder förderlich. Schauen Sie regelmäßig in die Tageszeitung, welche Veranstaltungen oder Ausstellungen für Kinder es aktuell gibt. Einige Museen bieten Kinder- und Familienführungen oder Workshops zum Ausstellungsthema an. Die Zahl spezieller Museen für Kinder, die kindgerechte Informationen bereitstellen und das entdeckende Lernen fördern wollen, hat zugenommen (Adressen s. Anhang). Förderlich können auch Kurse zu Themen sein, die Ihr Kind gerade besonders interessieren (z. B. »Wir forschen am Bach«). Solche Kurse gibt es in fast jeder Stadt und im regulären Angebot von Familienbildungsstätten, Volkshochschulen und anderen Bildungseinrichtungen. Ferner werden mittlerweile in einigen Städten spezielle (Hoch-) Begabtenkurse, Workshops, Ferienakademien u. Ä. von verschiedenen Veranstaltern (z. B. Hochbegabtenvereine, Hochbegabtenzentren, Kinder- und Jugendakademien; s. Adressverzeichnis) angeboten. Auch haben einige Volkshochschulen spezielle Kurse für besonders begabte und interessierte Kinder im Programm.

Für manche Jugendliche hat sich auch eine Einzelbetreuung in ihrem jeweiligen Interessengebiet (z. B. Programmieren) durch Privatlehrkräfte oder Studierende (oder andere Mentoren) als nützlich erwiesen. Außerdem offerieren verschiedene

Organisationen (Politik, Tier- und Naturschutz, soziale Projekte etc.) Möglichkeiten des Engagements für Jugendliche. So nutzen viele sinnvoll und begeistert die freie Zeit, die ihnen entsteht, weil sie weniger für die Schule tun müssen als andere. Praktika und Schnupperkurse verschaffen die Möglichkeit, sich bereits zu Schulzeiten Berufsfelder oder Studienfächer anzuschauen. Einige Universitäten bieten Kindervorlesungen sowie Studientage oder Kurse für leistungsstarke Schülerinnen und Schüler an. Auch ein Studium oder Fernstudium kann bereits teilweise im Schulalter begonnen werden (die Adressen der von der Telekom-Stiftung unterstützten Universitäten, die ein Frühstudium anbieten, und die Ergebnisse einer Studie zum Schülerstudium findet man auf der Seite http://www.telekom-stiftung.de/3-weiterfuehrende-schule/3-schueler-universitaeten/start.php).

Beachten Sie bitte: Außerschulische Förderung sollte möglichst schulferne Themen behandeln. Lernen Sie nicht am Nachmittag mit dem Kind Schulstoff (z. B., weil es schon weiter ist als der Rest der Klasse) – die Unterforderung tritt dann nur zu einem späteren Zeitpunkt auf, sie verschwindet dadurch nicht. Die schulische Förderung ist darüber hinaus Aufgabe der Schule! Unterstützen Sie die Schule und sprechen Sie Ihre Förderung mit den Lehrkräften ab. Manche Lehrer sind dankbar, wenn Eltern etwas für die Schule beisteuern (Material, Leitung einer Arbeitsgruppe, Bericht in der Klasse aus dem Berufsleben als ... oder über das Hobby ... etc.).

Die oben aufgeführten Tipps und Ideen sollten als Anregungen verstanden werden. Es kann genauso schädlich sein, ein Kind mit Angeboten zu überschütten wie ihm zu wenig Förderung anzubieten! Achten Sie daher auf Ausgewogenheit und freie Zeit zur eigenständigen Beschäftigung und Pflege sozialer Kontakte. Auch für Begabte ist freies Spiel eine wichtige Lerngelegenheit!

Welche Fördermöglichkeiten bieten sich im schulischen Bereich an?

Für die schulische Förderung bieten sich verschiedene Strategien an. Man unterscheidet im Wesentlichen Maßnahmen, bei denen Stoff vertieft und angereichert wird (*Enrichment*), von Maßnahmen, bei denen die Schülerin oder der Schüler das Schulsystem schneller durchläuft (*Akzeleration*). Wird der begabte Schüler innerhalb seiner Lerngruppe besonders gefördert, spricht man von *innerer Differenzierung*. Der Schüler bleibt in seiner Klasse, bekommt aber anspruchsvollere Aufgaben. Bei der *äußeren Differenzierung* findet dagegen eine Trennung statt: Der Schüler besucht eine spezielle Klasse oder Schule für Hochbegabte.

Vertiefung und Anreicherung

Häufigste Maßnahme ist die Vertiefung und Anreicherung, auch *Enrichment* genannt. Begabte Schülerinnen und Schüler erhalten Sonderaufgaben oder eigene Projekte oder besuchen zusätzliche Kurse bzw. Arbeitsgemeinschaften, die Lerninhalte vertiefen und eine weitergehende Auseinandersetzung mit dem Thema ermöglichen. Einige Schulen bieten beispielsweise »Matheknobel-AGs«, »Forschergruppen« oder spezielle mit diversen Materialien bestückte Experimentierräume für wissbegierige Kinder an. Ein Zusatzangebot kann auch die »Matheaufgabe der Woche« sein, die z. B. über einen Schaukasten oder das Internet publiziert wird.

Auf dem Gymnasium gibt es teilweise die Möglichkeit, weitere Fächer bzw. Kurse (z. B. eine weitere Fremdsprache, einen zusätzlichen Leistungskurs) zu belegen oder während der Schulzeit schon ein Hochschulstudium zu beginnen. Mancherorts gibt es auch ergänzende außerschulische Veranstaltungen während des normalen Unterrichts (wie den Studientag der Kinder- und Jugendakademie Südhessen e. V.). Die Kinder nehmen beispielsweise einen Tag pro Woche an einem Zusatzprojekt an der Universität teil, das nichts mit dem Schulstoff zu tun hat, wobei die Schüler den verpassten Stoff nacharbeiten und das Projekt später präsentieren müssen.

Im Rahmen der *inneren Differenzierung* im normalen Unterricht sollten auch die leistungsstarken bzw. begabten Schüler ihrem Stand entsprechende Aufgaben erhalten (für praktische Vorschläge s. z. B. Christiani, 1994; Anregungen aus der Praxis und hilfreiche Tipps zur Umsetzung findet man bei Schulte zu Berge, 2001; s. Literaturliste im Anhang). Solche Aufgaben können auch in Wochenplänen oder als Projektarbeit gestellt werden. Spezielle Aufträge kann das Kind auch in einer Gruppenarbeit oder als zusätzliches Thema erarbeiten. Auch innerhalb des Stationenlernens oder bei Lernwerkstätten kann differenziert werden.

Wichtig ist hierbei, den Stoff zu vertiefen und anzureichern – ein Vorarbeiten führt zu Langeweile in späteren Unterrichtsphasen und verschiebt das Problem der Unterforderung nur auf einen späteren Zeitpunkt! Ist ein Kind mit seinen Aufgaben deutlich schneller fertig als der Großteil der Mitschüler, kann die verbleibende Zeit für zusätzliche Aufgaben oder Einzel- bzw. Kleingruppenprojekte genutzt werden. Auch kann es günstig sein, dem Kind unnötige Übungsaufgaben zu erlassen und stattdessen andere Aufgaben vorzulegen. Dies ist insbesondere dann sinnvoll, wenn manche Kinder aus Langeweile so langsam arbeiten, dass sie nicht mehr zu den »Zusatzaufgaben« kommen.

Auch die Hausaufgaben können differenziert werden, d. h. der Hochbegabte erhält ersatzweise schwierigere oder auch zusätzliche Aufgaben. Zeitweise können leistungsstarke Schülerinnen und Schüler auch als Tutoren für ihre Klassenkameraden eingesetzt werden. Ältere Hochbegabte können gegebenenfalls Teile einer Unterrichtsstunde übernehmen. Daraus sollte jedoch keine dauerhafte »Hilfslehrerrolle« entstehen, da sich dies sozial ungünstig auswirken kann: Wird das Kind regelmäßig zum Erklären der Aufgaben oder zur Kontrolle der Lösungen der anderen eingesetzt und dabei vielleicht sogar noch als positives Beispiel herausgestellt, ist es nicht verwunderlich, wenn es von den Klassenkameraden abgelehnt wird. Der Einsatz als Tutor sollte also entsprechend sensibel erfolgen.

Beschleunigung/Akzeleration

Eine weitere Strategie ist die *Akzeleration*. Hierbei wird der vorgesehene Schulstoff in kürzerer Zeit vermittelt. Dazu gehören die vorzeitige Einschulung und das Überspringen von Klassen. Vor der Umstellung auf das achtjährige Gymnasium boten Schulen in verschiedenen Bundesländern außerdem sogenannte G8-Zweige, Schnellläufer-, Leistungsprofil- oder D-Zug-Klassen an, deren Schülerinnen und Schüler das Abitur ein Jahr früher ablegten als ihre Mitschüler. Durch eine allgemeine Schulzeitverkürzung trat diese Fördermaßnahme für leistungsstarke und motivierte Schülerinnen und Schüler inzwischen in fast allen Bundesländern in den Hintergrund.

Frühzeitige Einschulung und *Überspringen* sind für begabte Kinder, die bereits umfangreiche Kenntnisse des Schulstoffes besitzen (z.B. vor der Schule lesen können oder als Erstklässler Aufgaben der zweiten Klasse rechnen), gut geeignet. Die rechtlichen Regelungen unterscheiden sich in den einzelnen Bundesländern und können im zuständigen Ministerium erfragt werden. Da das Überspringen und die frühe Einschulung einschneidende Maßnahmen sind, die bei einem Scheitern negative Konsequenzen nach sich ziehen, sollte vor diesem Schritt genau überprüft werden, ob er unter den gegebenen Umständen die beste Förderstrategie für das Kind ist. Weiter unten (S. 97 ff.) werden verschiedene Kriterien genannt. Die beschriebenen Punkte ermöglichen eine gute Prognose für das Überspringen.

Für einige Kinder ist das Springen eine gute Alternative. Für andere ist es wenig hilfreich. Vor allem sollte es nicht als »Allheilmittel« angesehen werden. Der Wechsel beseitigt nicht jegliche Art von Schwierigkeiten. So wird ein Mangel an Lerntechniken nicht automatisch dadurch behoben, dass das Kind jetzt mehr tun muss, hier hilft nur das Erlernen der fehlenden Arbeitsmethoden.

Eine Höherstufung ist theoretisch auch *in einzelnen Fächern* möglich, birgt aber Probleme, da der Schüler in einem Fach bereits eine höhere Klasse besucht, während er in den anderen Fächern in der regulären sitzt. Dies ist im Schulalltag organisatorisch schwierig, da dauerhaft parallele Stunden Voraussetzung sind. Es bedeutet praktisch, dass eine Schule im Voraus wissen sollte, ob sie über mehrere Schuljahre den Unterricht – beispielsweise im Fach Mathematik – in zwei aufeinanderfolgenden Schulstufen zur selben Zeit anbieten kann. Eine solche Abstimmung wurde daher bisher vor allem in Grundschulen umgesetzt. Beim Schulübergang entsteht jedoch das Problem, dass ein Schüler der 4. Klasse, wenn er nicht den Stoff der 4. Klasse zweimal durcharbeiten soll, theoretisch in einem Fach bereits eine weiterführende Schule besuchen müsste. Bei einer fachweisen Höherstufung sollte folglich auf jeden Fall eine langfristige Perspektive entwickelt werden. Auf der weiterführenden Schule könnte überlegt werden, ob beispielsweise ein Schülerstudium an der nächsten Universität oder ein Fernstudium in diesem Fach angeschlossen werden kann.

Jahrgangsgemischte Lerngruppen (z. B. Eingangsstufen, Montessori-Klassen) bieten die Möglichkeit, an Angeboten der höheren Klasse teilzunehmen und vielleicht »sanft« in die höhere Stufe zu wechseln. Der Vorteil einer Jahrgangsmischung ist, dass unterschiedlich alte und leistungsstarke Kinder je nach Stärken und Leistungsstand miteinander arbeiten können. Das begabte Kind lernt idealerweise nicht nur in seinem Jahrgang, sondern ebenso einmal mit einem schwächeren wie auch einem leistungsstärkeren Kind bzw. älteren oder jüngeren Kindern zusammen. So findet bei entsprechender Nutzung dieser Möglichkeit automatisch eine differenzierte Förderung und stärkere Integration aller Kinder statt.

Äußere Differenzierung

Manche Schulen bieten spezielle Klassen für Hochbegabte an oder nehmen nur Hochbegabte auf (s. Adressen im Anhang). Dies sind Beispiele für die *Bildung begabungs- oder leistungshomo-*

gener Gruppen (*äußere Differenzierung; ability grouping*). Das Lernen in homogenen Gruppen soll das von vielen Hochbegabten und leistungsstarken Schülern als quälend empfundene Wiederholen verstandenen Stoffs für schwächere Schüler reduzieren. In solch einer Klasse sitzen dann aus Sicht mancher Schülerinnen und Schüler endlich auch andere, die den Stoff schnell begreifen, die mehr wissen wollen, die verstehen, dass man gerne lernt, usw.

So denken allerdings nicht alle Hochbegabten, was Befragungen Betroffener, ihrer Eltern und Lehrkräfte zeigen: Die meisten Befragten wünschen gemeinsame Angebote mit Nichthochbegabten.[1] Eine getrennte Beschulung ist außerdem umstritten, da sich viele Hochbegabte in »normalen« Gruppen und Schulen gut zurechtfinden. Gegen Sonderklassen spricht auch, dass schließlich nicht in allen Lebensbereichen eine Trennung möglich ist: Die Kinder und Jugendlichen müssen in anderen Situationen und vor allem später als Erwachsene (z.B. im Beruf) auch mit Nichthochbegabten zurechtkommen. Manche Schulen bieten daher gezielt Aktivitäten mit anderen Klassen oder soziale Projekte an oder trennen nur in einzelnen Fächern oder in bestimmten Schulstufen.

Hinzu kommt, dass eine spezielle Schule oder Klasse dazu führen kann, dass der bisher sehr gute Schüler plötzlich nicht mehr der mit Abstand Beste ist, sondern sich mit gleich leistungsstarken Klassenkameraden messen und mehr Misserfolgserlebnisse verarbeiten muss. Dies führt möglicherweise dazu, dass er seine Fähigkeiten schlechter einschätzt (als vorher bzw. im Vergleich zu anderen Hochbegabten in »normalen« Klassen).[2] Vor einer entsprechenden Schul- bzw. Klassenwahl sollten also individuell Vor- und Nachteile abgewogen werden.

Weitere Fördermaßnahmen

Anreize bieten können auch *Schulen mit besonderen Schwerpunkten* (z.B. mathematisch-naturwissenschaftliches Profil, bilinguale Klassen). Spezialschulen, z.B. naturwissenschaftlicher Prägung, sind vor allem für Schülerinnen und Schüler mit speziellen Interessen geeignet. Bilingualer Unterricht bietet durch die zweite Sprache eine zusätzliche Herausforderung. Ferner werden spezielle Angebote eher von leistungsstärkeren Schülern gewählt oder es werden nur leistungsstarke Schülerinnen und Schüler für entsprechende Klassen oder Schulen zugelassen, sodass von einem höheren Schwierigkeitsgrad auszugehen ist.

Neben speziellen Schulen bzw. Schulen mit Schwerpunkt sind insbesondere Schulen geeignet, die individuell auf ihre Schüler eingehen – dies müssen nicht unbedingt Spezialschulen sein. Informieren Sie sich also auch vor Ort über die Angebote der einzelnen (weiterführenden) Schulen. *Waldorfschulen* erscheinen für Hochbegabte weniger geeignet, da eine individualisierte Förderung im oberen Leistungs- und Begabungsbereich der pädagogischen Sichtweise und dem Unterrichtskonzept widerspricht.[3]

Neue Anregungen für einen unterforderten Schüler kann auch ein *Auslandsaufenthalt* bieten, ferner erfordert dieser das Erlernen der dort gesprochenen Sprache sowie Erarbeiten eventuell »verpassten« Stoffes nach der Rückkehr.

Eine weitere Fördermaßnahme, die meist von der Schule angeregt wird, ist eine Förderung des Schülers durch die *Teilnahme an Wettbewerben*. Wettbewerbe (z. B. »Jugend forscht«) fordern und fördern begabte und interessierte Schülerinnen und Schüler verschiedenster Klassenstufen in den unterschiedlichsten Bereichen (Mathematik, Naturwissenschaften, Fremdsprachen etc.). Eine Übersicht über die verschiedenen Wettbewerbe bieten z. B. die Internetseite der Arbeitsgemeinschaft der bundesweiten Schülerwettbewerbe (www.bundeswettbewerbe.de) oder das Plakat »Schüler- und Jugendwettbewerbe« des Bundesministeriums für Bildung und Forschung. Des Weiteren können die Schülerwettbewerbe bei den Kultusministerien erfragt bzw. Broschüren mit Beschreibungen der Wettbewerbe angefordert werden.

Diese Darstellung sollte einen Überblick über mögliche Förderansätze Hochbegabter geben. Teilweise existieren auch in einzelnen Orten spezielle Angebote (z. B. gibt es vereinzelt Kindergärten mit Maßnahmen für Hochbegabte) oder besondere Möglichkeiten für einzelne Kinder und Jugendliche, wie z. B. den Besuch von Universitätsveranstaltungen oder die Wahl zusätzlicher (Leistungs-)Kurse für einen Oberstufenschüler. Selbstverständlich können verschiedene Förderformen kombiniert werden. Abgewogen werden muss jedoch immer individuell, auf welche Weise und in welchem Bereich/welchen Bereichen ein Schüler besonders gefördert werden sollte. Grundsätzlich bieten sich dazu nicht nur seine Stärken an – Förderung sollte ausgewogen erfolgen.

> Generell gilt: Für jedes Kind ist die Förderung individuell und langfristig zu planen.[4] Positive und negative Konsequenzen einer Förderung bzw. Nicht-Förderung mit einer bestimmten Maßnahme sind gegeneinander (bzw. im Vergleich alternativer Fördermaßnahmen) abzuwägen.

Hinweise zum Einsatz bestimmter Förderstrategien

Innere Differenzierung

Wie sehen geeignete Aufgaben und Fördermaterialien aus?

Für die Förderung in der Schule sind alle Materialien geeignet, die den Schulstoff ergänzen (Materialvorschläge s. Anhang). Das Weiterarbeiten im Mathebuch führt nur dazu, dass es später, wenn die anderen diesen Stoff bearbeiten, langweilig wird und die »Schere« immer weiter auseinandergeht. Die verwendeten Aufgaben sollten das Nachdenken, die Ausdauer und Kreativität der Kinder fördern. Beispielsweise kann ein Text in ganz unterschiedlichen Stilen (z. B. gesprochene Alltagssprache vs. gehobene Tageszeitung; Märchen, Gedicht) und aus ganz verschiedenen Perspektiven geschrieben oder an verschiedene Adressaten gerichtet werden. Kinder können selbst ein Rätsel erstellen.

Günstig für *alle* Kinder der Klasse sind Aufgaben, die die Kinder zum entdeckenden Lernen anregen. Einem leistungsstarken Kind kann man darüber hinaus durchaus einen zum Thema passenden schwierigeren Text mit weitergehenden oder differenzierteren Informationen geben. Gut sind auch Aufgaben, die mehrere Lösungen zulassen oder das Kind auffordern, einmal anders an Bekanntes heranzugehen. Manche Fragen können auch fächerübergreifend bearbeitet werden. Wichtig ist auch, zum Fragen zu ermuntern und beim Nachgehen dieser Fragen zu begleiten. Vielleicht können dem (älteren) Schüler oder der Schülerin weitergehende Literatur, ein Ansprechpartner oder eine Internetseite empfohlen werden.

Knüpfen Sie an Interessen und Hobbys der Kinder an und lassen Sie die Kinder etwas daraus vorstellen. Vielleicht gibt es auch eine Möglichkeit, das Talent und Wissen eines Kindes für alle fruchtbar einzubringen. Innere Differenzierung kann (in der Grundschule) auch in Wochenplänen, freier Arbeit sowie beim Stationenlernen erfolgen. Anregungen für verschiedene Fächer bieten z. B. das Buch von Christiani (1994) oder die Praxisbeispiele (S. 93–214) im Begleitbuch des Medienpakets HomoSuperSapiens des Staatsinstituts für Schulpädagogik und Bildungsforschung München und der BMW Group (2000).

Wie erreiche ich, dass mein Kind in der Schule Förderung erhält?
Zwar gibt es Paragrafen, die besagen, dass jedes Kind ein Recht auf individuelle Förderung hat, jedoch ist es meist keine gute Idee, mit solchen Argumenten Förderung einzufordern. Lehrkräfte haben heutzutage, vor allem in der Grundschule, ganz unterschiedliche Kinder in ihrer Klasse. In jeder finden sich Kinder, die besondere Unterstützung brauchen (weil sie hyperaktiv sind, die deutsche Sprache nicht beherrschen, familiäre Belastungen tragen müssen o. Ä.). Daher sind Lehrkräfte oftmals froh, ein Kind in der Klasse zu haben, das den Stoff schnell begreift.

Es ist ratsam, gemeinsam mit der Lehrkraft zu überlegen, welche Förderung möglich ist und wie man auch dem hochbegabten Kind gerecht werden kann. Schildern Sie, welche Beobachtungen Sie gemacht haben, welche Gedanken und vielleicht auch Sorgen Sie sich machen. Kaum einer lehnt Hilfe ab, wenn Sie darum bitten. Zwar wird es nicht permanent Sonderaufgaben geben, aber regelmäßige, gezielte Förderung sollte möglich sein. Vielleicht ist eine Kombination verschiedener Förderstrategien möglich. Differenzierungsaufgaben (Arbeitsblätter) können mit Referaten, Projekten, Gruppenarbeiten, einer interessenbezogenen bzw. begabungsfördernden AG sowie in Maßen auch sinnvoller Stillbeschäftigung und Tutoraufgaben kombiniert werden.

Sprechen Sie mit der Lehrerin oder dem Lehrer ab, ob es eine Entlastung ist, wenn Sie selbst Fördermaterialien besorgen, oder ob die Lehrkraft dies lieber selbst in die Hand nehmen möchte.

Umsetzungshinweise für Lehrkräfte
Grundsätzlich kann man sich vor einem neuen Unterrichtsblock fragen, welche Bestandteile gestrafft werden könnten. Welche Übungsabschnitte können dem begabten Kind erlassen werden? Wie und wann überprüfe ich, ob das Kind den Stoff ausreichend beherrscht? Wie können Ergänzungen vorgenommen werden, d. h., an welchem inhaltlich passenden Aufgabengebiet/Projekt kann das begabte Kind arbeiten, während die anderen üben? Wie kann ich dies nachher in den Unterricht integrieren? Ein Beispiel: Beherrscht ein Kind die Prozentrechnung, kann es selbst Daten erheben (z. B. eine Umfrage zu Freizeitaktivitäten der Klassenkameraden erstellen), die betreffenden Prozente berechnen und die Ergebnisse seiner Umfrage später der Klasse vorstellen.

Sofern die Schülerinnen und Schüler ein selbst gewähltes Projekt bearbeiten, so sollten vor allem die älteren unter ihnen dazu angeregt werden, selbstständig und systematisch zu arbeiten. Ihnen könnte ein Raster vorgegeben werden, das grundsätzliche Überlegungen erfasst. Beispielsweise sollte der Schüler seine Fragestellung und das Ziel des Projekts benennen. Er sollte erklären, mit welchen Methoden er dies untersuchen möchte, wie er an Informationen kommt, wen er um Hilfe bitten möchte usw. Schließlich sollte natürlich auch an die Präsentation der Ergebnisse gedacht werden.

Manchmal berichten Lehrkräfte, das betreffende Kind komme gar nicht zu den zusätzlichen Aufgaben oder hole sie sich gar nicht erst ab. Es wird geklagt, das Kind arbeite zu langsam und schaffe die Differenzierungsaufgaben nicht mehr. Wenn Sie ähnliche Erfahrungen gemacht haben, sollten Sie überlegen, ob vielleicht ein (noch größerer) Teil der Übungsaufgaben durch Ergänzungsaufgaben ersetzt werden kann. Es kann aber auch möglich sein, dass die Extraaufgaben nicht attraktiv genug sind und das Kind keinen Anreiz hat, sich zu beeilen. Manchmal nehmen die Kinder sich die Aufgaben auch nicht, weil sie nicht aus dem Rahmen fallen wollen. Sorgen Sie als Lehrkraft daher dafür, dass die Aufgaben allen leistungsstarken Schülern zur Verfügung stehen. Heben Sie das begabte Kind nicht als leuchtendes Vorbild aus der Klasse hervor. Das Kind mag daraufhin Angst haben, isoliert zu werden. Versuchen Sie, im Gespräch mit dem Kind herauszufinden, ob derartige Gründe vorliegen könnten.

Weitere Hinweise und Anregungen zu differenzierter Förderung im Unterricht der Grundschule finden Sie im Buch von Schulte zu Berge (2005). Die Darstellungen in Teil III geben einen guten Überblick über praktische Möglichkeiten der schulischen Förderung. Erfahrungsberichte über verschiedene schulische Fördermaßnahmen mit begabten Schülern (differenzierter Unterricht, Lernatelier, Wochenplanunterricht, Kleingruppen usw.) findet man im Buch von Böckelmann & Hug (2004). Allgemein mit dem Umgang mit Heterogenität in der Schule (u. a. jahrgangsheterogene Gruppen, Förderpläne, Arbeit an selbst gewählten Themen) beschäftigt sich das Sonderheft »Heterogenität« (Friedrich-Jahresheft XXII, Becker, Lenzen, Stäudel, Tillmann, Werning & Winter, 2004).

Äußere Differenzierung

Überspringen von Klassen

Viele Eltern und Lehrkräfte sind zunächst einmal zurückhaltend, wenn die Sprache auf das Thema »Klasse überspringen« kommt. Dies ist einerseits berechtigt, weil ein Klassenwechsel sowohl organisatorisch als auch psychologisch nicht so leicht rückgängig zu machen ist und daher gut überlegt sein will. Andererseits ist die Vorsicht manchmal auch zu groß: Beachtet man vor der Entscheidung einige Punkte, so lässt sich gut eine Prognose über den Verlauf des Springens erstellen.

In der Regel schlägt man eine Höherstufung nur Schülerinnen und Schülern vor, die als überdurchschnittlich begabt eingeschätzt werden. Die hohe Begabung (sie sollte im oberen Bereich der aufnehmenden Klasse liegen) ist die Voraussetzung für das Erarbeiten des fehlenden Stoffes in überschaubarer Zeit. Die intellektuelle Begabung sollte, vor allem in höheren Klassenstufen, zuvor per Intelligenztest bestimmt werden. Wichtig sind auch ein gutes Arbeitsverhalten und eine ausreichende Frustrationstoleranz, da meist Stoff nachgearbeitet werden muss und zu Anfang manchmal schlechtere Noten geschrieben werden. Daher sollte das Kind auf das, was auf es zukommt, vorbereitet werden. Es sollte die Motivation zum Wechsel mitbringen.

Ein weiterer wichtiger Punkt für die Prognoseerstellung ist die Frage, ob ausreichende soziale Fähigkeiten vorhanden sind, um sich in die neue Gruppe älterer Schüler einfügen und dort behaupten zu können. Auch sollten kein Rückstand in der körperlichen Entwicklung sowie keine massiven Defizite in anderen Bereichen wie z. B. der Feinmotorik vorliegen. Auch wenn keine erheblichen Unterschiede bestehen, kann es sein, dass sich die Schülerin oder der Schüler vor allem in der Pubertät zurückgesetzt fühlt. Sie oder er kann aufgrund seiner körperlichen Entwicklung hinter den anderen zurück sein, d. h. etwa im Sport nicht so gut mit den Klassenkameraden mithalten können. Sie oder er wird auch aufgrund des Alters später als die anderen bestimmte Privilegien und Freiheiten (z. B. den Führerschein) erhalten. Diese eventuellen Einschränkungen sprechen nicht generell gegen eine Höherstufung, sollten aber bedacht werden, da sie eine gewisse psychische Stabilität des Jugendlichen voraussetzen.

Ein Überspringen sollte immer in Zusammenarbeit mit den Lehrkräften der beiden Klassen, der aufnehmenden und der abgebenden, sowie der Schulleitung erfolgen, um eine ausreichende Unterstützung des Kindes zu gewährleisten. Sinnvoll ist die Vereinbarung einer hinreichend langen Probezeit (ca. sechs bis acht Wochen). Gerade wenn Eltern und Kind unsicher sind, hilft es, wenn das Kind vorher einige Wochen in der höheren Klasse »zu Gast« ist. Ein Sprung von der Grund- in die weiterführende Schule ist organisatorisch schwierig, da z. B. der Kontakt unter den Lehrkräften eingeschränkter ist. Nicht ganz so günstig sind grundsätzlich auch Jahrgänge, in denen neue Fächer hinzukommen oder ein Abschluss erworben wird. Ein Überspringen sollte aber erfolgen, wenn die Unterforderung so gravierend ist, dass es als sinnvolle Alternative angesehen wird.

Zur Entscheidungsfindung sollten gemeinsame Gespräche mit allen Betroffenen (abgebende und aufnehmende Lehrkraft, Elternteil, Kind/Jugendlicher) stattfinden. Dabei sollte auch überlegt werden, wie fehlender Stoff vor- oder nachgearbeitet, wie der Schüler in die neue Klasse integriert und wie mit eventuell schlechteren Leistungen umgegangen werden kann. Das Springen sollte am besten von einer Lehrkraft begleitet werden, die als Kontaktperson bei Fragen und Problemen zur Verfügung steht. In manchen Bundesländern ist das Überspringen einer Klasse als Gruppe möglich, Vorteile können gegenseitige Hilfe und Austausch der Schüler untereinander sowie eine gute Unterstützung durch die Schule sein.

Bisher gibt es wenige Studien zum Überspringen bzw. Studien mit nur kleinen Fallzahlen. Insgesamt zeigen sie, dass ein Leistungsversagen nach dem Springen eher selten ist. Auch sozial-emotional ging es den Kindern und Jugendlichen nach dem Wechsel nicht dauerhaft schlechter, sondern teilweise sogar deutlich besser. Manche Schüler brauchten auch nach dem Sprung zusätzliche Förderung, andere sprangen ein zweites

Mal. Insgesamt ist davon auszugehen, dass das Überspringen von Klassen eine sinnvolle Fördermaßnahme ist – allerdings bei Beachtung der oben genannten Kriterien.

Weitere Informationen über das Überspringen von Klassen (auch über Untersuchungen) findet man bei Heinbokel (2002; 2006).

Vorzeitige Einschulung

Je nach Bundesland können Kinder, die bis zu einem bestimmten Stichtag Geburtstag haben oder sogar unabhängig von einer festgelegten Grenze früher eingeschult werden, wenn sie schulfähig sind. Für die vorzeitige Einschulung gilt Ähnliches wie für das Überspringen einer Klasse. Das Kind sollte kognitiv, sozial-emotional und körperlich mit den anderen Kindern der ersten Klasse mithalten können. Dazu gehört z. B., dass das Kind den Schulranzen tragen kann, eine ausreichende Konzentrationsspanne aufweist, dem Schulstoff intellektuell folgen, mit Frustrationserlebnissen umgehen, sich in eine Gruppe einfügen kann, eine ausreichend entwickelte Feinmotorik besitzt etc.[5] Neben der Schule und dem Schularzt kann ein Psychologe zur Überprüfung der Schulfähigkeit hinzugezogen werden.

Mancherorts werden sogenannte »Eingangsstufen« angeboten, d. h., die Kinder werden ein Jahr früher (in der Regel mit fünf Jahren) in die Eingangsstufe eingeschult und über zwei Schuljahre auf die Grundschule vorbereitet. Andere Schulen fassen die ersten beiden Schuljahrgänge zusammen. Für begabte Kinder kann ein schnelleres Durchlaufen der Eingangsstufe günstig sein, was organisatorisch etwas einfacher und weniger einschneidend ist als eine vorzeitige Einschulung bzw. ein Springen.

Extraschulen

Da die Gruppe der Hochbegabten definitionsgemäß überschaubar ist und man eine gewisse Anzahl interessierter Schüler zur Bildung spezieller Klassen braucht, gibt es Extraschulen für Hochbegabte nicht in jeder Stadt, sondern eher vereinzelt und meist in Form von Internaten. Diese beginnen zumeist ab der 5. Klasse oder noch später – es existieren kaum spezielle Kindergärten oder Grundschulen. Dies rührt daher, dass gerade bei jüngeren Kindern der Familienbezug eng und wichtig ist und sie daher solche Schulen nur besuchen, wenn sie in der Nähe sind.

Aufgrund der geringen Zahl potenzieller Schüler werden für Grundschüler meist keine Extraschulen eingerichtet. Für ältere Schülerinnen und Schüler ist das Angebot derartiger Schulen inzwischen größer. Meist nehmen diese Schulen hauptsächlich oder fast nur *leistungsstarke* Hochbegabte auf. Es gibt darunter Internate, die sich vor allem an *allgemein* leistungsstarke Schülerinnen und Schüler wenden, sowie Internate, die sich an *in speziellen Bereichen* leistungsstarke und hochinteressierte Schülerinnen und Schüler richten, etwa Schulen mit naturwissenschaftlicher oder musischer Orientierung. Einige dieser Schulen richten sich speziell an Hochbegabte und wählen sie auch über einen entsprechenden Nachweis oder Test aus.

Alle diese Schulen zielen, wie gesagt, auf die Förderung leistungsstarker Schüler, vereinzelt nehmen sie aber auch einen begrenzten Anteil begabter Leistungsschwächerer (Underachiever) auf. Es gibt allerdings kaum Schulen, die sich speziell an hochbegabte Underachiever und/oder verhaltensauffällige Hochbegabte wenden. Ihren vielfältigen Problemen können die wenigsten Hochbegabtenschulen gerecht werden, da diese Schüler intensive Unterstützung und psychologische Hilfe benötigen. Daher ist vor überhöhten Erwartungen an den Wechsel auf eine Spezialschule zu warnen.

Auch für »unauffällige« Hochbegabte sollte die Wahl einer Extraschule besonders bedacht werden, da sie Vor- und Nachteile birgt. Viele Schülerinnen und Schüler erhoffen sich von einer Spezialschule eine Umgebung, in der alle gerne lernen und sie nicht als »Streber« bezeichnet werden, wenn sie eine weiterführende Frage stellen. Dies ist über die gängigen Auswahlkriterien sicher meist gegeben. Eine Schule für leistungsstarke Schüler hat auch den Vorteil, dass der Stoff meist zügiger und anspruchsvoller vermittelt wird. Dies kann aber auch zu höherem Lerndruck führen, zumal man plötzlich unter lauter leistungsstarken Mitschülern sitzt. Für manche Schüler ist es schwer zu verkraften, nicht mehr die oder der Beste zu sein und auch einmal schlechtere Noten zu schreiben. Zusätzlich sollte man bedenken, dass die besondere Schülerklientel, die sich dort trifft, nicht dem entspricht, was dem Hochbegabten später in seinem Leben (z. B. beruflich) begegnen wird, wobei einige Schulen gezielt versuchen, soziales Lernen über entsprechende Projekte zu fördern. Insgesamt ist die Schulwahl sicherlich auch mit persönlichen Erziehungs- und Bildungszielen für das eigene Kind verknüpft.

Eine Alternative zu Schulen nur für Hochbegabte bilden Schulen mit Sonderklassen oder aber Schulen, die die Hochbegabtenförderung in ihr Schulprogramm aufgenommen haben. Diese fördern in der Regel über innere Differenzierung und Enrichment (s. o.). Beispiele dafür sind die hessischen Gütesiegelschulen (s. Links auf der Seite http://grundschule.bildung.hessen.de/Paedagogik/Begabung/), die vom Kultusministerium ein Gütesiegel hochbegabungsfördernder Schulen erhalten haben. Schulen mit Hochbegabtenklassen und regulären Klassen versuchen meist, durch gemeinsame Projekte und Aktivitäten sowie gemeinsamen Unterricht in einigen Fächern einem Sonderstatus der Hochbegabten entgegenzuwirken.

Extrakurse

Extrakurse finden als schulische Arbeitsgemeinschaften oder als Nachmittagsangebot verschiedener Institute und Vereine statt. Kurse und Workshops werden zu unterschiedlichsten Themen angeboten (mathematisches Knobeln, kreatives Schreiben etc.). Wie bei den getrennten Klassen und Schulen soll auch hier eine homogene Lerngruppe geschaffen werden, die langwieriges Erklären und häufiges Wiederholen überflüssig macht. Anbieter betonen den Vorteil, dass Schüler, die sich morgens der heterogenen Lerngruppe anpassen müssen, hier Gleichgesinnte finden, die in ähnlichem Tempo lernen und

Gedankengänge verstehen. Dies kann für ein Kind eine wichtige Erfahrung sein. Den Kindern machen die anspruchsvollen Kurse meist viel Spaß.

Oftmals wird neben dem höheren intellektuellen Anspruch und schnelleren Lernen auch ein Vorteil im sozialen Bereich postuliert. Es wird dabei versprochen, die Hochbegabten fänden unter ihresgleichen leichter Freunde. Teilweise wird sogar behauptet, Hochbegabte fänden nur in solchen Kursen soziale Kontakte. Dem ist entgegenzuhalten, dass eine Freizeitgestaltung allein unter Hochbegabten das Verständnis untereinander und das Erlernen des Umgangs mit unterschiedlichen Begabungen und Talenten nicht fördert. Kritisch sei daher angemerkt, dass es günstiger erscheint, in der Freizeit verschiedenartige Förderung anzubieten und ein Kind nicht nur in »Hochbegabtenkurse« zu schicken. Neben solchen Begabtenkursen kann daher z. B. der Besuch eines ortsansässigen Sportvereins oder Kinderchores das soziale Netzwerk stärken.

Auch sind Extrakurse nicht das Nonplusultra. Keiner hat etwas davon, wenn die Familie in Fahr- und Freizeitstress gerät. Ihr Kind wird nicht glücklicher, wenn es möglichst viele Kurse besucht. Oft gibt es auch flexiblere, nähere sowie zeitlich überschaubare, günstige Angebote, die ihrem Kind genauso Spaß machen und es angemessen fördern. Auch muss nicht alles unter dem Stichwort »Hochbegabtenförderung« laufen. Insgesamt kann es von Vorteil sein, verschiedene Angebote zu kombinieren.

Anmerkungen

1 Rost, 1993c; Sparfeldt, Schilling & Rost, 2004
2 vgl. Rost & Schilling, 2006
3 Feger & Prado, 1989
4 s. a. Feger, 1987
5 s. a. Tent, 2006a

Kapitel 5
Wie kann ich Probleme vermeiden oder reduzieren?

Hochbegabte haben zwar nicht mehr Probleme als andere Kinder und Jugendliche, aber auch sie stellen ihre Eltern manchmal vor Fragen. So kommen Eltern mit ihren Kindern und Jugendlichen in die auf Hochbegabung spezialisierte Begabungsdiagnostische Beratungsstelle *BRAIN* in Marburg sowohl wegen (hoch-)begabungsspezifischer Fragen – wie schulischer und außerschulischer Förderung oder Schullaufbahnentscheidungen – als auch wegen klassischer Erziehungs- und Schulberatung, z. B. bei schlechten Leistungen oder Konzentrationsproblemen (Pruisken & Fridrici, 2005). Ähnliches wird aus anderen Beratungsstellen berichtet.[1] Dabei variieren die Beratungsthemen je nach Alter, Geschlecht und Begabung der vorgestellten Kinder.[2] Die Anliegen von Eltern mit einem (eventuell) hochbegabten Kind sind also sehr unterschiedlich. Dennoch lassen sich häufig gestellte Fragen herausgreifen, die die im Buch bereits besprochenen Themen ergänzen.

Im Folgenden sind einige in der Elternberatung häufig gestellte Fragen versammelt. Diese sind nicht unbedingt ursächlich mit Hochbegabung verbunden und betreffen nicht nur Hochbegabte. Da diese Fragen aber häufiger gestellt werden, sollen erste Tipps und Informationen sowie Anlaufstellen für weitergehende Hilfe genannt werden.

Mein Kind fragt ständig!

Melanie ist sechs Jahre alt. Sie geht noch nicht in die Schule, kann aber bereits erste Sätze lesen. Gerne zeigt sie, was sie schon alles kann, und wird auch immer wieder dafür gelobt. Interessiert Melanie gerade etwas besonders, versuchen ihre Eltern, auf dieses Interesse einzugehen.

Die Eltern möchten Melanies Begabung gerne angemessen fördern, fragen sich jedoch, wie sie das in Zukunft bewerkstelligen sollen. Melanie stellt inzwischen auch Fragen, die die Eltern nicht beantworten können. Vor allem die Mutter, die nachmittags zu Hause ist, weiß nicht, wie sie allem gerecht werden soll.

Manchmal kommt Melanie auch mit ihren Fragen, wenn die Mutter gerade mit dem Haushalt beschäftigt ist oder dem größeren Bruder bei den Hausaufgaben hilft. Die Mutter ist dann unschlüssig, ob sie ihre Arbeit unterbrechen soll. Bei Störungen während der Hausaufgaben ist sie streng, denn ihr Sohn braucht sie gerade dringender. Das hat Melanie inzwischen auch verstanden. Beim Bügeln aber kann Melanie richtig anstrengend werden. Dann jammert sie manchmal so lange und klagt über Langeweile, bis die Mutter ihre Arbeit früher beendet und mit Melanie ein Spiel spielt. Abends ärgert sie sich dann, dass sie nachgegeben hat und die Hausarbeit liegen geblieben ist.

Manche Kinder sind in ihrem Wissensdurst kaum zu bremsen. Sie stellen ständig Fragen, und dann auch noch zu Themen, bei denen Eltern an ihre Grenzen stoßen. Manche Fragen gehen über das, was andere Kinder dieser Altersgruppe wissen wollen, weit hinaus. So wollen Kindergartenkinder schon rechnen lernen oder detailliert wissen, wie denn ein Gewitter entsteht.

Gehört Ihr Kind zu dieser »Sorte«, so versuchen Sie (so gut es geht), einen für alle gangbaren Weg zu finden: Kinder sollten in ihrer Wissbegierde nicht gebremst werden, da sie sonst das Interesse am Fragen und Lernen verlieren. In schulischen Inhalten sollten sie jedoch nicht gezielt (im Sinne von systematischem Vorlernen) gefördert werden, da sonst eine schulische Unterforderung vorprogrammiert ist. Daraus entwickelt sich ein schwieriger Spagat. Manchmal gelingt es, das Interesse auf andere, schulfernere Themen (Tiere, Natur …) umzulenken. Geben Sie Ihrem Kind lieber Knobelaufgaben, Spiele, Sachbücher oder andere Materialien an die Hand, die möglichst wenig mit dem systematischen Erlernen von Rechnen, Lesen und Schreiben zu tun haben, als das Schulbuch der nächsten Klassenstufe.

Wenn Ihr Kind viele Fragen stellt, können Sie mit ihm gemeinsam in einem Kinderlexikon nachschlagen. Ist es schon größer, kann es die verschiedenen Informationsquellen (Lexika, Internet, Sach-/Fachbuch) selbst nutzen. Es ist wichtig, die Fragen eines Kindes zu beantworten, aber auch Eltern wissen nicht alles und haben nicht immer Zeit! Je älter ein Kind ist, desto eher muss es akzeptieren, dass Sie nicht jederzeit zur Verfügung stehen können. Beenden Sie ruhig Ihre Arbeit und versprechen Sie, danach gemeinsam nach einer Antwort zu suchen. Wenn Sie nicht zwei Dinge gleichzeitig tun müssen, sind Sie im Kontakt mit dem Kind viel entspannter und es entwickelt sich eher ein anregendes Gespräch. Ein größeres Kind kann auch seine Fragen notieren, damit nichts verloren geht.

Fragen Sie sich auch: Geht es jetzt wirklich um das Thema? Manchmal ist es auch so, dass ein Kind keine wirklich brennende Frage hat, sondern eher die Aufmerksamkeit und Zuwendung des Erwachsenen sucht. Nehmen Sie sich die Zeit, aber nur dann, wenn Sie sie auch haben. Ihr Kind hat nichts von Ihnen, wenn Sie in Gedanken bei etwas ganz anderem sind. Dies gilt auch für Situationen, in denen das Kind versucht, von unangenehmen Dingen abzulenken. Also erst die Hausaufgaben, dann die Beschäftigung mit dem Fragethema!

Bedenken Sie: Nicht die Länge der mit dem Kind verbrachten Zeit ist wichtig für das Kind, sondern wie Sie diese Zeit gestalten!

Wie fördere ich ein Kind im Kindergartenalter?

Linus ist fünf und kann schon erste Sätze lesen. Dabei hat ihm niemand dies bewusst gezeigt oder mit ihm geübt. Klar, er hatte hier und da nach einzelnen Buchstaben gefragt, aber das ist doch ganz normal in dem Alter?! Doch mit einem Mal las er dem Vater Wörter auf der Müslipackung vor, mittlerweile liest er, wenn auch langsam, kleine Sätze. Außerdem ist er sehr wissbegierig, fragt viel und möchte am liebsten morgen in die Schule kommen. Doch bis zur Einschulung wird noch Zeit vergehen. Was also tun?

In den letzten Jahren wurde (richtigerweise) verstärkt auf die Bedeutung früher Förderung aufmerksam gemacht. Förderung sollte nicht erst mit dem Schulalter beginnen, schon im Kindergartenalter ist es sinnvoll, die kindliche Neugier und das Interesse am Lernen und Entdecken anzusprechen. Auf der anderen Seite hat diese Erkenntnis auch dazu geführt, dass Angebote für diese Zielgruppe zunehmen und bereits Kindergartenkinder von einem Fördertermin zum anderen gebracht und mit Lernspielen und CD-ROMs überschüttet werden. Den Eltern wird signalisiert, dass sie ihrem Kind Chancen nehmen, wenn sie solche Fördermöglichkeiten nicht nutzen. In diesem Zusammenhang wird auch oft gesagt, man müsse die Begabungen des Kindes und eine eventuelle Hochbegabung so früh wie möglich erkennen. Versäume man dies, werde das Kind nicht ausreichend gefördert.

Dies ist jedoch nur bedingt richtig. In der Regel ist es nicht notwendig zu wissen, ob ein Vorschulkind hochbegabt ist oder nicht. Das kann in diesem Alter noch gar nicht zuverlässig festgestellt werden. Ein hohes Testergebnis kann beispielsweise ebenso durch einen Entwicklungsvorsprung bedingt sein, der sich später verringert. Daher sollte ein Intelligenztest eigentlich erst ab dem Schulalter vorgenommen werden. Auch können so früh noch keine Begabungsschwerpunkte ermittelt werden – dies ist frühestens gegen Ende des Grundschulalters möglich. Lassen Sie sich daher nicht von Ihrer Umgebung verrückt machen. In der Regel wissen aufmerksame Eltern ganz gut, was ihr Kind braucht. Ihr Kind wird daher vermutlich nicht zu wenig Förderung bekommen.

Für die Förderung im Kindergartenalter gibt es zahlreiche Möglichkeiten. Man kann den Kindern ganz unterschiedliche Themen und Herangehensweisen anbieten. Wichtiger als die Menge an Angeboten ist jedoch eine entsprechende Grundhaltung: Lassen Sie Ihr Kind eigene Entdeckungen machen, beobachten Sie, was es interessiert, und stellen Sie verschiedene Materialien bereit. Dies sollten nicht nur vorgefertigte Lernspiele sein, sondern auch Natur- und Bastelmaterialien, damit das Kind seiner Kreativität freien Lauf lassen kann. Hören Sie Ihrem Kind zu, stellen Sie Fragen zu dem, was es erzählt, und gehen Sie dabei aufkommenden Fragen, Ideen und Interessen nach. Besuchen Sie kindgerechte Museen und Mitmachangebote. Achten Sie aber ebenso darauf, dass Ihr Kind weiterhin ausreichend Zeit zum freien Spiel und zum Kontakt mit Gleichaltrigen hat. Dies ist genauso wichtig! Schauen Sie auf das, was Ihr Kind schon kann, und stellen Sie ihm entsprechende entwicklungsgerechte Materialien (z. B. anregende Spiele) zur Verfügung. Fragen Sie sich aber auch immer, was Ihr Kind noch nicht so gut kann, damit es auch dort hinzulernen kann.

Ähnliches gilt für den Kindergarten:[3] Eine gewisse offene Haltung weiter oder schneller entwickelten Kindern gegenüber ist auf jeden Fall hilfreich. Sie ist oft mit einer allgemeinen Offenheit unterschiedlich entwickelten Kindern gegenüber verknüpft, d. h. bei solchen Kindergärten gegeben, die Kinder individuell fördern wollen. Günstig ist es z. B., wenn das Kind auch einmal bei Angeboten für die älteren Kinder mitmachen oder sich Materialien nehmen darf, die für die Älteren gedacht sind. Bei all dem muss der Kindergarten kein »Hochbegabtenkindergarten« oder Ähnliches sein. Hochbegabte brauchen keine Extraangebote, sondern profitieren davon, wenn für alle Kinder Lernanregungen bereitgestellt werden.[4] So gibt es z. B. Beschreibungen, wie man bereits im Kindergartenalter mit Kindern experimentieren kann (Wiskamp, 2005; Winterhalter-Salvatore, 2004; Lück, 2003).

Angebote im Kindergarten, die allen Kindern Spaß machen und die auch die besonders begabten Kinder anregen, sind z. B.: die Natur erkunden (Samen säen, Tiere beobachten etc.), fremde Länder kennenlernen (wie leben die Menschen dort, wie sprechen und wie schreiben sie, was wird dort gegessen?), das Leben früher betrachten, Spiele erfinden und basteln, Kunst entdecken, Experimente durchführen, die Jahreszeiten kennenlernen … Hier können auch Eltern mit besonderen Kenntnissen eingebunden werden.

Im Kindergartenalter können Sie grundsätzlich auch mit Zusatzangeboten beginnen – dies sollte aber dosiert erfolgen. So gibt es in fast allen Städten musikalische Früherziehung oder Kurse für den frühen, kindgerechten Erwerb einer Sprache. Zum Teil gibt es naturkundliche Angebote entsprechender Institute oder Vereine. In manchen Städten gibt es für begabte und interessierte Vorschulkinder auch Kurse, die sich z. B. dem Erforschen und Experimentieren widmen.

Soll ich die Stärken oder lieber die relativen Schwächen fördern?

Möchte man sein Kind besonders fördern, stellt sich immer die Frage, ob man die Stärken oder aber die (relativen) Schwächen fördern sollte. So gibt es Kinder, die auf der einen Seite durch besondere Fähigkeiten im Rechnen auffallen, auf der anderen Seite aber noch Probleme haben, die Zahlen zu schreiben, weil sie in der Feinmotorik vergleichsweise zurückhängen. Soll man nun die mathematische Stärke fördern oder lieber die feinmotorischen Fähigkeiten trainieren?

In der Regel ist es sinnvoll, beides zu tun. Eine Förderung der Stärken vermittelt Erfolgserlebnisse. Jeder Mensch freut sich, etwas gut zu können, gelobt zu werden, einmal der Beste zu sein. Es ist aber ebenso wichtig zu sehen, dass man nicht alles gut kann und auch einmal länger üben muss oder etwas nicht sofort klappt. Fördern Sie daher sowohl in den Bereichen, in denen das Kind noch Lernbedarf hat, als auch in seinen starken Bereichen. So lernt es, sich anzustrengen und bei der Sache zu bleiben, hat aber auch Erfolge. Sie vermeiden dadurch auch, dass das Kind irgendwann denkt: Das kann ich überhaupt nicht, dafür bin ich unbegabt etc. Daraus könnte vielleicht sogar ein Vermeidungsverhalten oder Fatalismus entstehen: »Da ich unsportlich bin, werde ich das Radfahren nie lernen. Radfahren macht eh keinen Spaß. War ja klar, dass ich das nicht schaffe. Also lasse ich es lieber.« Ihr Kind muss ja nicht zum Supersportler werden …

Wie vermeide ich, dass mein Kind den Spaß am Lernen verliert und nicht lernt zu lernen?

Manchmal berichten Eltern von ihrer Sorge, ihr begabtes Kind könne vielleicht gar nicht richtig lernen, da ihm alles zufliege. Werde es dann mal unerwartet schwerer oder dauere etwas länger, werde das Kind ungeduldig und lustlos. Von Zeit zu Zeit haben die Eltern dann den Eindruck, ihr Kind vermeide es, sich größeren Herausforderungen zu stellen, und gehe nur das an, was es auch locker bewältigen könne. Doch wie zeigt man einem Kind das Lernen, das bisher alles »mit links« geschafft hat?

Muss Ihr Kind eine komplexere Aufgabe bewältigen, so versuchen Sie gemeinsam, diese in kleinere Etappen einzuteilen. Manchmal erscheint etwas wie ein Riesenberg. Überwindet man aber kleine Hürden, lässt sich der Gipfel doch erreichen. Geben Sie Ihrem Kind Hilfestellung: »Was ist deine Aufgabe? Was könntest du als Erstes tun? Was dann? Überprüfe dein Vorgehen! Musst du es abändern?« So entwickelt Ihr Kind selbst eine Strategie, lernt, systematisch an Aufgaben heranzugehen, und erreicht seine Ziele (fast) alleine.

Manche (langweiligen) Aufgaben kann und sollte man dem Kind nicht abnehmen oder erlassen. Zum Beispiel lässt sich eine Fremdsprache nun mal nicht ohne Vokabellernen erwerben. Daher sollte ein Kind frühzeitig mit systematischen Lerntechniken vertraut sein. Natürlich sollte ein Hochbegabter nicht mit endlosen Übungsaufgaben zu Dingen, die er im Schlaf beherrscht, gequält werden, aber es gibt immer auch sinnvolle Aufgaben, die dem Kind vielleicht langweilig oder gar sinnlos erscheinen.

Im Rahmen der schulischen Differenzierung sind umfangreichere, schwierigere Knobelaufgaben besonders geeignet, dem Kind die Erfahrung zu vermitteln, dass es sich auch einmal länger »den Kopf zerbrechen« muss. Um Ausdauer und systematisches Erarbeiten zu fördern, kann man dem Kind seitens der Schule auch Projekte geben, die es selbstständig oder in der Kleingruppe erarbeitet. Solche Projekte sollten aber sinnvoll geplant und in den Unterricht eingebettet werden.

Zu Hause kann Ausdauertraining und Üben auch beim Erlernen eines Musikinstruments oder einer (zusätzlichen) Fremdsprache erfolgen.

Mein Kind hat keine Lust zu lernen und schlechte Noten. Ich habe gehört, dass es sogenannte Underachiever gibt.

Max ist 16 und hat überhaupt keine Lust auf Schule. In der Grundschule war er ein Überflieger. Auf dem Gymnasium kam er anfangs gut zurecht, obwohl er wenig tat. Seit geraumer Zeit sind seine schulischen Leistungen gesunken. Den Eltern sagt er: »Die Lehrer haben eh keine Ahnung von dem, was sie erzählen.« Das sei alles öde. Die Lehrer meinen, dass der Kerl sicher pfiffig sei, dass er seine Vokabeln aber trotzdem lernen und seine Hausaufgaben sorgfältig machen müsse. Jetzt droht Max sitzenzubleiben. Ihm sei das alles egal, sagt er – seine Eltern glauben ihm das nicht so richtig. Aber wie soll man Max dazu bringen, sich mehr anzustrengen?

Was versteht man unter Underachievement?

Manche Hochbegabte entwickeln sich trotz ihres sehr guten Potenzials nicht zu entsprechend guten Schülern. Bleibt die Schulleistung deutlich unter den eigentlichen Fähigkeiten, also erbringt ein Hochbegabter (mit mindestens IQ = 130) z. B. keinen besseren Notendurchschnitt als im Mittel ein durchschnittlich Begabter (schneidet er also nicht besser bzw. schlechter ab als 50 Prozent der durchschnittlich Begabten), so kann man den Schüler als *Minderleister* oder *Underachiever* bezeichnen.[5] Legt man eine derartige Definition zugrunde, so findet man zwischen 12 und 15 Prozent hochbegabte Underachiever.

Da Begabung und Leistung nicht perfekt, sondern eben nur mittelhoch zusammenhängen (korrelieren), ist eine derartige Anzahl schlecht leistender Personen nicht erstaunlich, sondern zu erwarten. Eine höhere Zahl (z. B. 50 Prozent, wie manchmal zu lesen ist) ist unrealistisch, es sei denn, man geht davon aus, dass ein Hochbegabter immer nur Einsen schreibt und auch von der Leistung her zu den zwei Prozent Besten gehört. Sicher muss man aber auch einem Hochbegabten Flüchtigkeitsfehler zugestehen und mit einer Zwei ebenso zufrieden sein. Daher spricht man erst von Minderleistung, wenn jemand *deutlich* schlechter leistet, als er könnte.

Welche Probleme haben Underachiever?

Underachiever haben nicht nur schlechte Schulleistungen, sondern oft auch eine Vielzahl anderer Probleme. Sie zeigen meist ein mangelhaftes Arbeitsverhalten und eine geringe Lernmotivation. Sie haben wenig Interesse an der Schule und am Lernen. Es fällt ihnen offensichtlich schwer, sich realistische Ziele zu setzen und ihr Lernverhalten zu steuern und zu kontrollieren. Sie trauen sich wenig zu und erwarten keine guten Leistungen von sich. Oft haben sie auch emotionale und soziale Probleme.[6]

Schon im Grundschulalter gibt es Schüler mit deutlichen Minderleistungen und entsprechenden Begleitproblemen. Untersuchungen an den Teilnehmern des Marburger Hochbegabtenprojekts zeigen dies. Dazu wurden Underachiever mit verschiedenen Schülergruppen verglichen, u.a. mit sehr gut leistenden Hochbegabten (gleich hohe Begabung, aber mit sehr guter, der Begabung angemessener und somit der Erwartung entsprechender Leistung) und durchschnittlich Begabten mit durchschnittlicher Leistung (also der der Underachiever vergleichbarer Leistung). Die im Marburger Hochbegabtenprojekt untersuchten Underachiever in der 4. Klasse beschrieben sich nicht nur negativer und schätzten sich schlechter ein als sehr gut leistende Hochbegabte, sie fielen auch im Vergleich mit normal leistenden durchschnittlich Begabten negativer auf.[7]

Eine neue Studie des Marburger Hochbegabtenprojekts[8] zeigt allerdings, dass die Probleme hochbegabter Underachiever nicht unbedingt derart massiv bestehen bleiben oder gar noch zunehmen. Die im Grundschulalter ausgewählte Gruppe hochbegabter Minderleister wurde im Jugendalter erneut untersucht und wieder mit ebenso durchschnittlich leistenden durchschnittlich Begabten sowie leistungsstarken Hochbegabten verglichen. Auch im Jugendalter wiesen die hochbegabten Underachiever eine deutlich höhere – den leistungsstarken Hochbegabten vergleichbare – Intelligenz auf als die durchschnittlich Begabten. Zwar war das Bild der Underachiever nicht so positiv wie das der besser leistenden Hochbegabten, aber in einigen Bereichen hoben sie sich gegenüber den durchschnittlich Begabten mit gleichen Noten positiv ab. Zwar besuchten weniger Minderleister als erwartungstreu leistende Hochbegabte das Gymnasium, aber es legten insgesamt mehr Underachiever das Abitur ab als durchschnittlich Begabte. Zwei Drittel von ihnen schafften das Abitur.

Auch das Selbstbild der Underachiever war nicht mehr so deutlich schlechter als das der leistungsstarken Hochbegabten wie bei der Erhebung im Grundschulalter – in einzelnen Bereichen schätzten sie sich sogar besser ein als durchschnittlich Begabte. Allerdings gab es auch Bereiche, in denen sie sich ungünstiger sahen als durchschnittlich Begabte. Insgesamt gab es jedoch keine nennenswerte Verschlechterung ihrer Selbsteinschätzungen, sodass immerhin kein »Abwärtstrend« zu beobachten war. Die Minderleister hatten nicht häufiger als die anderen Hochbegabten das Gefühl, anders zu sein, empfanden sich aber häufiger andersartig als die durchschnittlich Begabten. Von ihren Eltern wurden die Underachiever als sozial-emotional unreifer und kognitiv weniger leistungsfähig als hochbegabte leistungsstarke Jugendliche geschildert. Von den durchschnittlich Begabten hoben sie sich in dieser Beziehung jedoch nicht ab – oder wenn, dann positiv. Insgesamt bestehen also im Jugendalter nach wie vor Probleme, wenn auch nicht mehr so ausgeprägt wie im Grundschulalter.

Wie entsteht Underachievement?

Wodurch Underachievement verursacht wird, ist nicht vollständig geklärt. Studien weisen darauf hin, dass es nicht nur einen, sondern mehrere Gründe für das Schulproblem gibt.[9] Schulische Unterforderung und Langeweile sind mögliche Faktoren, familiäre Belastungen und Persönlichkeitseigenschaften können ebenso Mitursachen sein. Vor allem geraten Underachiever mit der Zeit offensichtlich in einen Teufelskreis, aus dem sie schlecht herauskommen.[10] Zunächst mag der Schüler sich langweilen, aber im Unterricht noch gut mitkommen. Schaltet er dann aus Langeweile ab und bekommt den Stoff nicht mehr mit, so entstehen Wissenslücken. Dies kann dazu führen, dass auch der noch so Begabte später den darauf aufbauenden Stoff nicht mehr versteht.

Auch entwickeln manche Schüler die Haltung »Das kann ich eh!« und verpassen den Anschluss, weil sie nicht regelmäßig lernen. Schließlich muss selbst ein intelligenter Mensch Vokabeln, Jahreszahlen u. Ä. auswendig lernen. Gerade das aber finden fast alle Kinder und Jugendlichen langweilig. Obwohl ein Hochbegabter noch relativ lange mithalten kann, vermag auch er irgendwann nicht mehr »mal eben« etwas nachzulernen oder durch bloßes Überfliegen zu erfassen. Manche Begabte entwickeln sich zu »Saisonlernern«, die schnell noch vor der Versetzung pauken. Das klappt auch manchmal, aber irgendwann nicht mehr. *Ein* Problem schlechter Schulleistungen trotz guter Begabung ist also, nicht rechtzeitig ein strukturiertes, regelmäßiges und ausdauerndes Lernverhalten erworben zu haben. Manchmal begünstigt die Umwelt eine solche Strategie, weil sie alles, was nach Übung aussieht, vom Hochbegabten fernhält.

Eine andere mögliche Ursache kann die Form des Schulunterrichts sein: Ein wenig anregungsreicher und wenig individualisierter Unterricht kann die Lernmotivation hemmen – dies betrifft jedoch nicht nur Hochbegabte. Fehlende Anforderungen zu Hause tragen zu dieser Entwicklung noch bei. Manchmal sind Eltern so von der Schule enttäuscht, dass sie dem Kind direkt oder indirekt vermitteln, dass sie dem Lehrer nicht vertrauen und dass das Kind auch richtig daran tut, bestimmte Anforderungen zu verweigern.

Nicht zu vergessen ist außerdem, dass auch familiäre Faktoren eine Rolle bei der Entwicklung schlechter Schulleistungen spielen können. Belastende Ereignisse wie Streit, Scheidung, Krankheit oder Tod in der Familie, aber auch starker elterlicher Druck und hohe Erwartungen, fehlende Unterstützung oder geringe bzw. problematische soziale Kontakte, ein mangelhaftes Selbstbewusstsein, Prüfungsangst usw. können zu schlechter Aufmerksamkeit im Unterricht sowie zu sinkenden Leistungen in der Schule führen. Auch gibt es Begabte, die nur geringe Bildungschancen erhalten, weil sie aus einer bildungsärmeren, finanziell schlechtergestellten oder nicht Deutsch sprechenden Familie kommen.

Die Ursachen können also sehr unterschiedlich sein, meist ist es auch so, dass verschiedene äußere ungünstige Bedingungsfaktoren zusammenkommen.

Was kann man tun?

Lassen Sie zunächst bei einem Psychologen, z.B. dem zuständigen Schulpsychologen, überprüfen, ob Ihr Kind über- oder unterfordert sein könnte. Wichtig ist, genau abzuklären, ob eine ungünstige Lerneinstellung besteht und/oder ob das Kind gar nicht weiß, wie es lernen soll. Handelt es sich bei dem Kind oder Jugendlichen um einen Underachiever, also jemanden, der deutlich weniger leistet, als er eigentlich könnte, so muss meist individuell, langfristig und an verschiedenen Punkten angesetzt werden. Hierbei ist die professionelle Hilfe eines Psychologen bzw. Pädagogen erforderlich. Manche Jugendliche benötigen auch eine längere psychologische Therapie.

Ansatzpunkte sollten zum einen vorhandene Defizite (Stofflücken) sein, die mit Nachhilfe behoben werden können. Hilfe durch die Eltern ist dabei meist problematisch, besser ist eine Person außerhalb der Familie oder professionelle Hilfe. Zum anderen sollten eventuell fehlende Lerntechniken erworben werden. Beispiele für Materialien zum Erwerb von Lerntechniken zu Hause finden Sie im Anhang.

Zusätzlich zur Behebung von Stofflücken und mangelnden

Lerntechniken ist es sinnvoll zu überlegen, was das Underachievement mitbedingen könnte: Hilfreich ist manchmal die Frage, ob der Hochbegabte – so paradox es auf den ersten Blick auch erscheinen mag – etwas von den schlechten Schulleistungen hat: Denkt er, dadurch in der Klasse besser akzeptiert zu werden? Rebelliert er bewusst gegen Eltern und Lehrer? Vermeidet er Misserfolge, indem er von vornherein gar nichts tut? Werden dann geringere Anforderungen an ihn gestellt? Wird ihm mehr Aufmerksamkeit geschenkt? Kann er vielleicht gar nicht mehr leisten, weil er depressiv ist oder nicht (mehr) auf seine Fähigkeiten vertraut? Diese Fragen zeigen, dass genau hingeschaut und oft an verschiedenen Punkten angesetzt werden muss. Eine alleinige Ursachenforschung im intellektuellen Bereich genügt meist nicht. Wie Rohrmann & Rohrmann (2005) ganz richtig schreiben, ist es sicher nicht ausreichend und oftmals kontraproduktiv, das Kind einfach stärker schulisch zu fordern oder gar eine Klasse überspringen zu lassen.

Wichtig ist, den Jugendlichen zu eigenem Handeln anzuregen. Oftmals hat die Umgebung (Lehrkräfte und vor allem Eltern) schon seit längerem mehrfach versucht, ihn zu motivieren. Häufig wird auch immer mal wieder ein Auge zugedrückt oder doch geholfen, damit es die Hürde schafft. Übertragen Sie Ihrem Kind selbst die Verantwortung. Ein Sitzenbleiben ist bitter, aber manchmal heilsam. Ihr Kind sollte sich fragen, welche Ziele es hat. Es ist zwar schwer, dabei zuzusehen, wie sich das eigene Kind im Wege steht, aber bisweilen ist ein Umweg nicht zu vermeiden. So gewinnen manche Jugendliche in einer Ausbildung wieder Freude am Lernen und an der Eigenverantwortung.

Was macht Ihrem Kind Spaß? Hat es Hobbys, die es mit Ausdauer verfolgt, in denen es Erfolgserlebnisse hat? Mag es in außerschulischen Bereichen z. B. an Wettbewerben teilnehmen oder auf andere Weise seine Kenntnisse präsentieren und so Bestätigung erlangen? Gibt es die Möglichkeit, ein Praktikum zu machen, um wieder eine Perspektive zu gewinnen? Studien zeigen, dass hochbegabte Underachiever nicht überall schlecht leistend und unmotiviert sind: So gibt es Underachiever, die beispielsweise sehr gerne und viel lesen, ein breites Allgemeinwissen, eine gute Ausdrucksweise oder ein umfangreiches Spezialwissen in einem persönlichen Interessengebiet haben.[11]

Machen Sie der oder dem Jugendlichen klar, dass schlechte Noten nicht allein an schlechten Lehrern liegen. Natürlich gibt es gute und sehr gute Lehrkräfte, aber es ist ziemlich unwahrscheinlich, dass Ihr Kind alle weniger guten erwischt hat, dass immer nur Ihr Sohn ungerecht behandelt oder allein Ihre Tochter vom Lehrer nicht gemocht wird. Versuchen Sie, intensiv mit der Schule zusammenzuarbeiten. Treffen Sie klare Absprachen am runden Tisch. So kann eindeutig überprüft und dem Kind auch rückgemeldet werden, ob es mitarbeitet oder nicht.

Zeigen Sie Verständnis und unterstützen Sie, aber nehmen Sie dem Kind oder Jugendlichen nicht seine Probleme ab! Schaffen Sie den Rahmen und helfen Sie ihm, seine Probleme anzugehen. Dazu greifen Sie am besten ein Problem heraus, mit dem begonnen wird, sonst verzettelt man sich leicht. Erarbeiten Sie mit dem Jugendlichen eine Problemlösung, aber lassen Sie sich nicht in abschweifende Diskussionen verwickeln, die nicht weiterhelfen. Wählen Sie eine überschaubare, bewältigbare Aufgabe aus, sodass sich Erfolgserlebnisse einstellen können.

Lassen Sie Ihren Jugendlichen sich aber nicht darauf ausruhen, sondern verknüpfen Sie das Lob für die Erledigung mit der Aufforderung zur nächsten Aufgabe. Treffen Sie eine Vereinbarung, möglicherweise auch schriftlich, und lassen Sie sich nicht auf Diskussionen, Ausnahmen, Sonderregelungen etc. ein. Ihr Kind ist sicher Meister in solchen Versuchen. Rechnen Sie damit, dass eine Veränderung lange dauert und auch inaktive Phasen und Rückschläge vorkommen. Arbeiten Sie deshalb mit Ihrer Partnerin/Ihrem Partner, aber auch mit der Lehrerin oder dem Lehrer und anderen Personen in Ihrem Umfeld im Team und gönnen Sie sich selbst einen Ausgleich.

Wichtig ist, dass Ihr Kind weiterhin zur Schule geht. Auch wenn Sie z. B. einen Schulwechsel anstreben, Ihr Kind muss, schon allein weil Schulpflicht besteht, zur Schule gehen. Geringe Schullust, Langeweile, Angst vor einem Test etc. sind keine Gründe, nicht zur Schule zu gehen. Bleibt Ihr Kind der Schule fern, lernt es zum einen, dass es mit Klagen seinen Willen durchsetzen kann. Zum anderen wird es Lücken im Stoff haben, Mitschüler und Lehrer werden Fragen stellen usw. Zu Hause zu bleiben ist keine Lösung. Sie sollten Ihr Kind daher auch nicht darin unterstützen, z. B. indem Sie ihm Entschuldigungen schreiben oder diese ausstellen lassen. Oft setzen damit eine Verstärkung des Problems und ein Teufelskreis ein.

Hilfreich ist es dagegen herauszufinden, warum Ihr Kind ungern zur Schule geht: Sind Leistungsprobleme der Grund, häufige Erfahrungen von Unterforderung oder aber in Wahrheit Konflikte mit Kindern oder Lehrkräften? Ermutigen Sie Ihr Kind dazu, die Probleme zu benennen. Überlegen Sie dann genau, was Sie langfristig tun, wen Sie ansprechen können, wo Sie Hilfe erhalten. Wichtig ist auch zu sehen, dass es kurzzeitige Probleme geben kann – diese sind normal. Achten Sie darauf, ob Ihr Kind damit allein zurechtkommt oder die Probleme länger andauern und es fremde Hilfe benötigt. Lassen Sie es, so weit es geht, selbst Verantwortung übernehmen, Problemlösungsansätze entwickeln und umsetzen und ermutigen Sie es dazu.

Mein Kind hat Probleme bei der Bearbeitung der Hausaufgaben, obwohl es sie versteht.

Julian ist mit dem Mittagessen fertig. Seine Stimmung ist auf dem Tiefpunkt: Hausaufgaben! Seine Mutter denkt: »Hoffentlich läuft es heute mal besser«, und fordert Julian freundlich auf, sich an den Schreibtisch zu setzen. »Ich hab aber keine Lust!«, mault er und schleift seine Tasche, nachdem er einen deutlichen Blick seiner Mutter eingefangen hat, in den ersten Stock. Nach einer Viertelstunde schaut die Mutter nach ihm: Julian starrt Löcher in die Luft, ausgepackt hat er nichts. »Was hast du denn auf?« – »Weiß ich nicht.« – »Das steht doch in deinem Hausaufgabenheft.« Julian holt in Zeitlupe das Heft heraus und schlägt es auf. »Fünf Päckchen Mathe, alles das Gleiche, stinklangweilig«, ruft er und schmeißt das Heft zur Seite. Die Mutter merkt, dass sie langsam genervt ist. »Jetzt fang doch mal an. Komm, ich helfe dir.« Und wie jeden Nachmittag setzt sie sich daneben, obwohl Julian die Aufgaben eigentlich alleine lösen könnte. Aber so geht es wenigstens schneller. Schließlich will Julian nachher noch mit Max ins Schwimmbad gehen. Nach zwei Stunden Leiden, Stöhnen und Jammern, Ermutigen, An-die-Einsicht-Appellieren, Ermahnen und Schimpfen sind zwar die Aufgaben, aber auch Mutter und Sohn völlig geschafft.

Hausaufgaben sind für viele Kinder und Jugendliche lästige Pflicht. Unabhängig davon, ob Hausaufgaben sinnvoll sind – keinem Kind bleiben sie erspart. Es gibt jedoch Möglichkeiten, die Hausaufgabensituation angenehmer zu gestalten. Der sich in einigen Familien abspielende »Hausaufgabenkampf« muss nicht sein.

Zunächst einmal gilt auch für die Hausaufgaben die bekannte Weisheit: »Erst die Arbeit, dann das Vergnügen« (oder »erst das Hauptgericht, dann der Nachtisch«). Hausaufgaben sollten zu einer festen Zeit gemacht werden und vor der Zeit für Spielen oder Treffen mit Freunden beendet sein.

Manche Grundschulkinder fesseln ihre Eltern (meist die Mutter) stundenlang an die Hausaufgaben, bis alle »nur noch genervt« sind. Einige Kinder holen sich so Aufmerksamkeit, auch wenn es paradox erscheint, weil die Aufmerksamkeit natürlich eine negative ist. Aber: Mama hat jetzt nur Zeit für mich … Geben Sie daher Ihrem Kind die Verantwortung für seine Aufgaben. Besprechen Sie zu Anfang, was es aufhat, womit es beginnen möchte (vielleicht zuerst mit dem Unangenehmsten?) und wie es dies angehen wird. Klären Sie auch, ob es Fragen gibt. Dann sollte das Kind alleine arbeiten. Bleiben Sie in der Nähe, beschäftigen Sie sich aber mit etwas anderem. Bei Fragen stehen Sie zur Verfügung, regen das Kind aber auch an, selbst Lösungsideen zu entwickeln. Loben Sie Ihr Kind für schnelle und selbstständige Arbeit und das Bemühen, schwierige Probleme selbst zu meistern. Arbeitet Ihr Kind sehr langsam, kann eine Uhr auf dem Schreibtisch helfen. Lassen Sie Ihr Kind vor der Bearbeitung schätzen, wie lange es für bestimmte Aufgaben brauchen wird.

Selbstverständlich können Sie – vor allem, wenn es dem Kind wirklich schwerfällt, sich ohne Murren an die Aufgaben zu setzen und diese zügig und alleine zu bearbeiten – das Kind besonders belohnen. Bestimmen Sie dabei gemeinsam, was genau Ihr Kind verändern möchte (z. B. die Aufgaben in einer zuvor festgelegten, realistischen Zeit schaffen oder sich ohne Murren an die Arbeit machen). Notieren Sie täglich in einem Plan, ob das Kind sein Ziel erreicht hat. Kleben Sie Sticker auf, malen Sie Sonnen oder lachende Gesichter. Für eine gewisse Menge an positiven Symbolen darf es sich dann etwas Kleines aussuchen. Zum Beispiel könnten Sie vorher abgesprochen haben, dass es sich bei Zielerreichung das Mittagessen am Wochenende wünschen darf. Andere mögliche Belohnungen sind eine gemeinsame Aktivität (Spiel, Schwimmbadbesuch, Ausflug, Kino), aber natürlich auch etwas kleines Gekauftes, das sich das Kind heiß ersehnt. Setzen Sie zu Anfang nicht zu hohe Ziele, es darf auch mal etwas nicht klappen. Loben Sie viel, muntern Sie auf, wenn etwas nicht so lief, wie Sie es sich erhofft hatten.

Hilfreiche Tipps zu diversen Hausaufgabenproblemen bei 6- bis ca. 14-Jährigen (z. B. Vor-sich-Herschieben, langsames Arbeiten, mangelnde Konzentration etc.) finden Sie im Buch von Kohler (2002). Weitere Anregungen für Eltern, deren Kinder wenig Spaß am Lernen haben, gibt auch das Buch von Keller (2003). Hier werden mögliche Ursachen mangelnder Motivation und entsprechende Strategien zur Motivationsförderung vorgestellt – kombiniert mit vielen Anregungen zum Nachdenken über das Lernen.

Mein Kind ist perfektionistisch. Es kann mit Frustrationen nicht umgehen.

Nina ist eine gute Schülerin, eine der Besten der Klasse. Eigentlich müsste sie ihre Aufgaben schnell erledigt haben, denn den Stoff hat sie mühelos verstanden. Jeden Nachmittag sitzt sie aber ewig an den Hausaufgaben, denn die sollen doch ordentlich sein. Sie schreibt die Aufgaben sorgfältig ab und schmückt sie mit Zeichnungen. Gefällt ihr etwas nicht, radiert sie es so oft aus, bis sie zufrieden ist. Manchmal macht ihr das Gestalten der Aufgaben offensichtlich Freude, manchmal ist sie aber auch frustriert, weil ihr das Ergebnis nicht so gelingt, wie sie es gern hätte. Neulich hat sie sogar einen riesigen Wut- und Heulanfall deswegen bekommen.

Manche Kinder sind über die Maßen eifrig. Sie können mit einer Aufgabe nicht aufhören, solange sie nicht perfekt gelöst ist. Sie radieren, schreiben alles neu, malen Stunden an einem Bild. Mit dem Ergebnis sind sie dennoch oft unzufrieden. Andere Kinder werfen alles hin, weil es ihren Ansprüchen nicht genügt. Dann sind sie wütend und den Tränen nahe. Für Hilfe sind sie in diesen Momenten des Frusts nicht zugänglich.

Was kann man tun, damit das Kind lernt, besser mit Frustrationen umzugehen? Wie kann man ihm helfen, auch einmal etwas nicht Perfektes zu akzeptieren?

Überprüfen Sie, ob es einen Grund für den Eifer des Kindes gibt, und sprechen Sie mit den Personen in seiner Umgebung: Hat jemand sehr hohe Erwartungen an das Kind? Welche Anforderungen stellt die Schule und nach welchen Kriterien wird in der Schule eine Aufgabenlösung bewertet? Wie ist das Verhältnis zu den Mitschülern, gibt es untereinander einen starken Wettbewerb?

Sie können sich auch fragen, ob das Kind einen Vorteil hat, wenn es z. B. sehr lange an den Hausaufgaben sitzt, weil es die Hausaufgaben schön gestaltet. Muss es dann z. B. nicht zum Sport, wo es nicht gerne hingeht? Bekommt es dann besondere Zuwendung, sitzt jemand bei den Hausaufgaben dabei?

Hilfreich kann es sein, dem Kind Erfahrungen zu ermöglichen, bei denen Leistung und »Perfektsein« unwichtig sind. Unternehmen Sie etwas, das keinen Zweck hat, etwas, das einfach Spaß macht. Zeigen Sie, dass man herumalbern, herummatschen etc. kann.

Vermitteln Sie Ihrem Kind, dass es nicht schlimm ist, Fehler zu machen oder etwas Unvollkommenes zu schaffen. Loben Sie nicht allein seine Erfolge, sondern vor allem sein Bemühen. Erkennen Sie an, dass es sich hohe Ziele setzt, aber unterstützen Sie es, wenn etwas nicht klappt. Sagen Sie selbst auch einmal (als Modell), wenn etwas nicht gelingt, dass das nicht schlimm ist und man einen Fehler ja verbessern oder neu anfangen kann. Nur so kann man aus Fehlern lernen.

Besprechen Sie Schwierigkeiten mit Ihrem Kind: Lassen Sie sich das Problem beschreiben und ermutigen Sie das Kind, sich Lösungsansätze auszudenken. Gemeinsam können Sie dann überlegen, welche Lösungsidee die beste ist. Funktioniert dieser Ansatz nicht, können Alternativen in Betracht gezogen werden. Besprechen Sie solche Themen am besten in einer ruhigen Minute mit dem Kind, z. B. wenn Sie abends den Tag des Kindes Revue passieren lassen.

Den Umgang mit enttäuschenden bzw. frustrierenden Erlebnissen kann man einem Menschen leider nicht abnehmen. Zeigen Sie Verständnis für die Enttäuschung und vielleicht auch Wut des Kindes, aber versuchen Sie nicht, solche alltäglichen Erfahrungen zu verhindern. Nur durch das Aushalten solcher Erlebnisse lernt man, in Zukunft etwas gelassener damit umzugehen. Dies ist eine Entwicklung, die Kinder machen müssen. So finden es viele Kinder anfangs ganz furchtbar, beim »Mensch ärgere dich nicht« hinausgeworfen zu werden, manche fegen gar das Brett vom Tisch. Irgendwann ist dies nicht mehr so schlimm und eine andere Entwicklungsaufgabe ist an der Reihe und auch diese wird irgendwann, früher oder später, bewältigt. Kinder sind dabei nicht unbedingt gleich schnell, also geben Sie Ihrem Kind die Lernzeit und zeigen Sie ihm Ihr Vertrauen, dass es dies schaffen wird.

Mein Kind ist laut Lehrerin im Unterricht unruhig und unkonzentriert. Nun höre ich, dies könne auf ADHS, aber auch auf Hochbegabung hindeuten.

Tim ist ein aufgeweckter, fröhlicher Kerl. Seine Lehrer treibt er derzeit aber zur Verzweiflung. Tim passt im Unterricht nicht auf, er ist oft scheinbar ganz woanders. Manchmal starrt er aus dem Fenster, manchmal hantiert er mit einem Radiergummi herum. Dann wiederum stört er die Ruhe in der Klasse. Er quatscht mit seinem Nachbarn, der dann auch nicht aufpassen kann. Zeitweise rutscht er auf dem Stuhl hin und her. Gerne bringt er die anderen auch mal durch Grimassen zum Lachen. Seine Klassenlehrerin beschließt, den Eltern einen Besuch beim Schulpsychologen vorzuschlagen. Ihre Frage: Wie kann Tim besser im Unterricht aufpassen?

Wenn ein Kind im Unterricht unkonzentriert ist, leiden oft auch seine Leistungen. Es kann schlecht aufpassen und bekommt den Stoff nicht mit. Ist es unruhig, lenkt es auch seine Banknachbarn ab.

Unruhe und mangelnde Konzentration können verschiedene Ursachen haben. Auf den ersten Blick scheinen bei ADHS, der **A**ufmerksamkeits**d**efizit- / **H**yperaktivitäts-**S**törung, und Unterforderung ähnliche Symptome aufzutreten. So wird bei einem unruhigen, unkonzentrierten Kind oft ein Verdacht auf ADHS, manchmal aber auch auf Hochbegabung geäußert. Beides ist jedoch deutlich voneinander abgrenzbar.

Unter ADHS versteht man eine Aufmerksamkeitsdefizitstörung mit Hyperaktivität (Überaktivität), die meist von einer Störung ohne erhöhte Aktivität (oft »Träumerchen« genannte Kinder) abgegrenzt wird. Um ADHS zu diagnostizieren, müssen Aufmerksamkeits- und Konzentrationsstörungen, ausgeprägte körperliche Unruhe und starker Bewegungsdrang sowie impulsives und unüberlegtes Handeln auftreten. Diese Symptome müssen deutlich und über einen längeren Zeitraum bestehen und in mehreren Lebensbereichen beobachtbar sein. Ein ADHS-Verdacht sollte immer bei einem Diplom-Psychologen oder Psychiater abgeklärt werden, auch um andere Ursachen oder Störungen/Erkrankungen auszuschließen.

Weitere Informationen zu ADHS und Überaktivität finden Sie einführend in der Broschüre der Bundeszentrale für gesundheitliche Aufklärung (2005) oder dem Heftchen mit Infos und Tipps für Eltern, Lehrer und Kinder ab zehn Jahren von Döpfner, Fröhlich & Lehmkuhl (2000) sowie (ausführlicher und weiterführender) in den Büchern von Krowatschek (2001) oder Döpfner, Schürmann & Lehmkuhl (1999). Einen bündigen Überblick über den Forschungsstand bietet Döpfner (2006).

Hochbegabung und ADS bzw ADHS, d. h. Aufmerksamkeitsdefizitstörungen (mit und ohne Hyperaktivität), treten jeweils selten auf. Hochbegabt sind laut (der meistverwendeten) Definition zwei Prozent, ADS kommt je nach Untersuchungen und Expertenschätzungen vermutlich bei zwei bis sechs Prozent der Kinder und Jugendlichen vor – die unterschiedlichen Zahlen liegen an verschiedenen Diagnosekriterien (Bundeszentrale für gesundheitliche Aufklärung, 2005). Die Wahrscheinlichkeit, dass bei einem Kind ADHS und Hochbegabung gleichzeitig auftreten, ist noch geringer.

Wie kann man in der Praxis diese beiden Verdachtsmöglichkeiten trennen? Auf den ersten Blick hat man ein unkonzentriertes und unruhiges Kind vor sich. Bei ADHS treten diese Auffälligkeiten aber in verschiedenen Situationen auf, in der Schule, der Familie und an anderen Orten. Diese Kinder haben ein grundsätzliches Aufmerksamkeitsproblem. Sie können nicht warten und handeln, ohne vorher nachzudenken oder sich eine Erklärung anzuhören. Es fällt ihnen schwer, Bedürfnisse aufzuschieben. So rufen sie im Unterricht dazwischen, unterbrechen andere oder reden viel. Sie sind desorganisiert und können ihre Bewegungen nur schwer kontrollieren. Sie zappeln, laufen herum und können kaum ruhig spielen. Diese Verhaltensweisen treten deutlich stärker auf als bei anderen Kindern dieses Alters.

Hochbegabte dagegen können sich im Allgemeinen normal gut konzentrieren. Manchmal beginnen sie jedoch, wenn sie im Unterricht unterfordert sind, den Unterricht zu stören, z. B. indem sie Faxen machen oder auf ihrem Stuhl herumwackeln. Oder sie schaffen es scheinbar nicht, ihre Aufgaben zu lösen, weil sie im Unterricht träumen. Dies ist aber nicht dauerhaft so, sondern kommt meist in Wiederholungsphasen oder bei leichteren Aufgaben vor. Grundsätzlich kann mangelnde Aufmerksamkeit aber auch noch auf andere Probleme hindeuten. Z. B. kann ein Kind »den Clown spielen«, weil es dadurch die Aufmerksamkeit der Klassenkameraden erfährt und so hofft, Freunde zu finden. Scheinbar schlechte Konzentration kann auch ein Zeichen von *Über*forderung sein. Daher sollten solche Auffälligkeiten psychologisch abgeklärt werden. Es sollte genau überlegt werden, wann sich das Kind nicht konzentrieren kann und wann vielleicht doch.

Mein Kind diskutiert alles aus. Es stellt meine Regeln in Frage und ist ziemlich anstrengend.

Lina ist sieben und ziemlich pfiffig. Immer wieder setzt sie die Erziehungsbemühungen der Eltern außer Gefecht. So haben diese den Eindruck, dass sie ihr nicht einfach etwas verbieten können. »Wenn wir Nein sagen, fragt Lina immer: ›Warum?‹ Mit einfachen Erklärungen gibt sie sich nicht zufrieden. Und manchmal hat sie mit ihren Argumenten sogar Recht! Oft ertappe ich mich dann dabei, mich in endlose Diskussionen verwickeln zu lassen«, berichtet ihre Mutter. »Ihre Fragen ernst zu nehmen, ohne dabei inkonsequent zu werden, fällt mir schwer.«

Begabte sind nicht dumm und oft auch recht wortgewandt. Schnell haben sie eine Aufforderung hinterfragt und vielleicht einen Schwachpunkt in der elterlichen Argumentation entdeckt. Lassen Sie sich dennoch nicht beirren. Klar, grundsätzlich sollte man Kindern erklären, warum man etwas von ihnen verlangt oder sie etwas nicht dürfen. Gerade begabte Kinder verstehen schon sehr viel. Achten Sie aber darauf, das Kind nicht zu überfordern. Es ist zwar schlau, aber ihm fehlt dennoch die Erfahrung, bestimmte Folgen zu überschauen. Es braucht daher Wegweiser, also Grenzen, an denen es sich orientieren kann wie andere Kinder auch.

Formulieren Sie klar, was Sie von Ihrem Kind möchten. Sagen Sie am besten, *was* es tun soll (und nicht, *was nicht*: »Nimm bitte deine Tasche und komm mit« statt »Hör auf herumzuhopsen«). Annehmbarer sind Aufforderungen, die nicht die Person des Kindes kritisieren (»Du bist ein schrecklicher Hampelmann.« – »Deine furchtbare Musik ist nervtötend.«), sondern aus Ihrer Perspektive sprechen (»Laura, ich habe Angst, dass du fällst.« – »Tim, deine Musik stört mich beim Arbeiten, dreh sie bitte leiser.«).

Sie sollten sich durch Diskussionen nicht vom Eigentlichen ablenken lassen. Sie hatten etwas verboten oder an eine Abmachung erinnert. Diese Abmachung steht fest. Sonst weiß Ihr Kind nicht, woran es ist, und testet vielleicht auch gerade deshalb immer wieder aus, was gilt.

Unabhängig davon kann natürlich (zu einem anderen Zeitpunkt) grundsätzlich über eine Regel gesprochen werden. Es sollte aber genau geprüft werden, ob dies nicht bereits ausreichend geschehen ist. Auch begabte Kinder müssen Regeln akzeptieren, und diese sollten nicht jedes Mal diskutiert werden. Ansonsten lernt Ihr Kind, dass es durch Diskussionen, Weinen etc. immer wieder Regeln verändern kann und z. B. doch die Schokolade an der Supermarktkasse bekommt, weil es sonst einen Schreikrampf bekommt. In diesem Sinne brauchen begabte Kinder keine anderen Erziehungsmaßnahmen als andere Kinder auch.

Besprechen Sie mit dem Kind Regeln und Abmachungen in einer ruhigen Minute. So nehmen Sie das Kind ernst und helfen ihm zu verstehen, warum Sie etwas verlangen. Beginnen Sie am besten mit wenigen, aber klaren Regeln, vor allem bei jüngeren Kindern. Diese Regeln sollten dann in der entsprechenden Situation (Schlafenszeit, Ende der Fernsehzeit etc.) nicht mehr diskutiert werden. Vergessen Sie nicht, Ihr Kind zu loben, wenn es sich erwartungsgemäß verhalten hat.

Als hilfreich haben sich die Bücher von Rogge (u.a. 2004; 2002; 1995) erwiesen, die durch viele aus dem Leben gegriffene Beispiele gut lesbar und alltagstauglich sind. Eine Einführung in grundlegende Erziehungstechniken geben z.B. Sanders, Turner, Markie-Dadds & Markie-Dadds (2003). Dem mit der englischen Sprache vertrauten Leser sei das sehr praxisbezogene Buch von Shiller (2003) ans Herz gelegt. Eine andere Form der Auseinandersetzung ermöglichen die CD-ROMs von Schneewind (2003): In kurzen Filmen werden klassische Erziehungssituationen dargestellt, und Sie können überlegen, wie Sie selbst handeln würden. Mehrere Alternativen werden gezeigt und besprochen. Anonyme Beratung im Internet durch Fachleute bietet das (vom Bundesministerium für Familie, Senioren, Frauen und Jugend und den Ländern geförderte) Portal der Bundeskonferenz für Erziehungsberatung e.V. (www.bke-elternberatung.de). Speziell dem Thema »aggressives Verhalten« widmen sich ein Buch von Krowatschek (2004; Inhalt: Formen von Aggression, Grundtechniken Loben, Ignorieren, Belohnen, Bestrafen; Rituale, Umgang mit schwierigen Situationen; Sofortmaßnahmen gegen Stress, Spiele und Übungen zum Spannungsabbau) sowie ein Heft von Petermann, Döpfner & Schmidt (2001; Inhalt: Erscheinungsformen, Ursachen, Verlauf und Möglichkeiten des Umgangs damit).

Mein Kind traut sich nichts zu und ist sehr ängstlich.

Nils ist schüchtern. Er geht ungern irgendwo hin, wo er noch nicht war. Auch Kindergeburtstage mit vielen Kindern ängstigen ihn. In den Turnverein will er gar nicht, die anderen dort seien »so wild«. Im Schwimmbad geht er nur ins Kinderbecken. Seine Freunde springen vom Einer ins »Große«, die anderen aus der Klasse hänseln ihn, dass er ein Angsthase sei.

Manche Kinder sind sehr ängstlich und vorsichtig, sie trauen sich nur wenig. Die Eltern müssen ihr Kind immer wieder »stupsen«, damit es über seinen Schatten springt. Doch Ängstlichkeit und Schüchternheit kann man reduzieren und lernen, offener auf neue Situationen zuzugehen.

Helfen Sie Ihrem Kind, seine Vorsicht zu bezwingen. Dies geht nur durch regelmäßige Übung im Überwinden kleiner Hürden. Stellen Sie Ihrem Kind immer wieder kleine Aufgaben (etwas erfragen, etwas alleine einkaufen etc.) und loben Sie es für die erfolgreiche Bewältigung. Lassen Sie das Kind solche Situationen nicht vermeiden, weil es sonst denkt, es würde dies nie schaffen. So hat es dann auch keine Erfolgserlebnisse. Z. B. wollen sozial ängstliche Kinder oftmals gar nicht gerne in den Turnverein, zum Kindergeburtstag etc. Vielleicht werden sie sogar unter Heulen und Druck dort hingebracht, und die Eltern gehen mit schlechtem Gewissen nach Hause. Holen sie das Kind abends ab, will dieses dann gar nicht nach Hause …

Auch im Unterricht hat es sich bewährt, möglichst viele Gelegenheiten zu schaffen, das freie Sprechen vor anderen zu üben. Günstig ist es z. B., eine Vereinbarung mit einem Lehrer zu treffen, dem das Kind vertraut. Dieser könnte das Kind regelmäßig drannehmen oder seine Meldungen besonders honorieren. Eine Strichliste hilft dem Schüler zu überblicken, wie oft er sich meldet und ob er sich zunehmend häufiger meldet. Man kann auch vereinbaren, dass die Eltern zu Hause eine bestimmte Meldefrequenz belohnen, um einen Anreiz zu setzen.[12]

Weiterführende Informationen für Eltern zum Thema bieten die Bücher von Maur-Lambert & Landgraf (2003), Friedrich & Friebel (1996) und Schmidt-Traub (2001). Friedrich & Friebel geben Tipps, Schüchternheit und Ängstlichkeit zu überwinden, sie informieren über verschiedene Ängste und nennen Ansätze, wie Eltern ihren Kindern helfen können. Das Buch enthält außerdem Mutmach- und Entspannungsgeschichten. Schmidt-Traub gibt vor allem Hilfe zur Selbsthilfe für Kinder und Jugendliche zwischen 10 und 16 Jahren. Im Abschnitt für

Eltern werden Angststörungen, ihre Entstehung und Veränderungsmöglichkeiten, auch anhand von Beispielen, besprochen. Für ältere Kinder und Jugendliche gibt es im zweiten Teil des Buches Informationen zu verschiedenen Ängsten sowie Anleitungen zur Selbsthilfe. Maur-Lambert & Landgraf geben Eltern von Grundschulkindern Hinweise, wann Angst nicht mehr normal ist und wie man sie erkennen kann. Sie nennen Charakteristika von Angst und geben Informationen über elterliche Unterstützungsmöglichkeiten sowie professionelle Hilfe. Es gibt darüber hinaus einen Kinderteil, Materialien und Kopiervorlagen sowie eine Auswahlliste von Kinder- und Elternbüchern zum Thema.

Sind die Probleme allerdings massiv und dauern schon länger an, sollte ein (verhaltenstherapeutisch orientierter) Kinderpsychologe besucht werden. In einem Gruppentraining lernen Kinder dort, wie man auf andere zugeht, Konflikte löst etc.

Mein Kind hat wenige Freunde.

Manche Kinder haben nur wenige Freunde. Manche sind zufrieden mit ihren Kontakten, andere jedoch leiden darunter, dass sie nicht mehr Freunde haben. Dann ist es wichtig, das Kind bei der Suche nach Freunden zu unterstützen:

Überprüfen Sie, ob Ihr Kind Gelegenheiten hat, Gleichaltrige zu treffen. Sorgen Sie dafür, dass es sich nachmittags regelmäßig verabredet. Besonders bei jüngeren Kindern kann es hilfreich sein, das gemeinsame Spiel zu unterstützen. Laden Sie die Kinder zunächst für eine überschaubare Zeit ein. Helfen Sie, gemeinsame Spielinteressen zu finden. Unterstützen Sie bei der Lösung von Konflikten.

Nehmen Sie andere Kinder mit zu Familienunternehmungen (Ausflüge, Schwimmbadbesuch etc.). So schaffen Sie gemeinsame positive Erlebnisse. Die Kinder können sich besser kennenlernen und erfahren, dass sie gemeinsam Spaß haben können.

Sprechen Sie mit den Lehrkräften des Kindes und fragen Sie, wie Ihr Kind in der Schule mit den Klassenkameraden zurechtkommt. Geht es auf andere zu? Gibt es oft Streit mit den anderen? Wird es ausgeschlossen? Überlegen Sie gemeinsam, wie die Situation verbessert werden kann.

Findet Ihr Kind in der Schule (noch) keine richtigen Freunde, so ermöglichen Sie ihm zusätzlich, nachmittags andere Kinder kennenzulernen. Günstig, um mit anderen in Kontakt zu kommen, sind Gruppenaktivitäten wie z. B. Mannschaftssportarten. Wichtig ist, dass bei diesen Hobbys etwas gemeinsam getan wird und nicht nebeneinander oder gar im Wettbewerb. Besonders förderlich für die sozialen Kontakte wirken sich also Hobbys aus, bei denen es weniger um das Erlernen einer Sache oder sogar eine (bessere) Leistung geht, sondern bei denen vor allem auf das soziale Miteinander geachtet wird. Traditionell findet man dies z. B. in Jugendgruppen (Kirche, Naturschutz, Partei etc.), bei den Pfadfindern, im Kinderchor, bei Bastel- und Kreativangeboten, im Turnverein usw.

Mein Kind wird gemobbt.

Lisa mag gar nicht mehr in die Schule gehen. Sie weiß schon, was wieder passieren wird. Alle werden sie anstarren und hinter ihrem Rücken tuscheln und lästern. Im Sportunterricht wird sie als Letzte gewählt. Manchmal wird sie auch direkt beleidigt oder mal eben auf dem Flur »aus Versehen« geschubst. Angezettelt hat das alles Martha, die »Klassenchefin«. Sie sammelt eine große Clique um sich. Lisas frühere Freundinnen sind inzwischen auch dabei. Jede möchte in der Clique sein, auch aus Angst, sonst das nächste Opfer von Marthas spitzer Zunge zu werden. Warum sie das Opfer wurde, weiß Lisa nicht so genau. Sie war früher gar nicht so unbeliebt in der Klasse. Doch irgendwann fing es mit kleinen Sticheleien an. Anfangs dachte Lisa, das gehe vorüber. Doch Marthas Hemmungen nahmen immer mehr ab. Sogar im Unterricht macht sie Lisa nieder. Der Klassenlehrer meinte neulich, als Lisa sich doch das Herz gefasst hatte, ihn anzusprechen, sie sollten das als große Mädchen doch unter sich ausmachen und so schlimm sei das ja gar nicht. Lisa fühlt sich zunehmend alleine und verunsichert.

Wird ein Kind regelmäßig körperlich, verbal und/oder indirekt (Gerüchte, Ausschluss aus der Gruppe) von einer bestimmten Person über einen längeren Zeitraum angegriffen, spricht man von »Bullying« oder (meist eher auf Erwachsene bezogen) auch »Mobbing«.

Die Täter sind oft allgemein, d. h. auch gegenüber Eltern und Lehrern, aggressiv. Sie sind meist selbstsicher, haben gute verbale Fähigkeiten, sind körperlich stärker und zeigen eine positive Einstellung zu Aggression sowie wenig Mitgefühl. Diese Täter sind in der Regel keine Außenseiter, sondern durchschnittlich beliebt in der Klasse und haben oft einen kleinen Bewundererkreis.

Das Opfer ist häufig körperlich schwächer, ängstlich, unsicher und eher unbeliebt. Mobbingopfer werden meist nicht nach einem äußeren Merkmal ausgewählt (Brille, Sprache, Haarfarbe), sondern sind in der Klasse eher isoliert, wirken unsicher und reagieren mit Weinen und Rückzug auf den Angriff des Mobbers, sodass der Täter gute Erfolgsaussichten sieht.

Bullying tritt vor allem auf, wenn keine Gruppennormen gegen Aggression existieren und Lehrer aggressives Verhalten dulden.

Was kann man als Eltern dagegen tun?

Generell gilt es, als Eltern wachsam zu sein, um mögliche Signale wie Bauch- oder Kopfweh, Albträume, Schulunlust, Notenabfall, sozialen Rückzug usw. zu bemerken. Signalisieren Sie Ihrem Kind, dass Sie offen für seine Sorgen sind, und nehmen Sie sich Zeit für Gespräche über die Schule. Halten Sie regelmäßig Kontakt zur Schule und erkundigen Sie sich auch nach der sozialen Situation Ihres Kindes. Suchen Sie bei Problemen das Gespräch mit der Schule, um gemeinsam zu überlegen, was getan werden kann. Versuchen Sie, das Problem sachlich und ohne Schuldzuweisung zu besprechen. Wichtig ist, dass die Sorgen Ihres Kindes ernst genommen werden und es sich auf das Versprechen, dass es Unterstützung bekommen wird, verlassen kann. Überlegen Sie also konkrete Maßnahmen, die praktikabel sind und auch überprüft werden können.

Grundsätzlich ist es vor allem sinnvoll, eine Veränderung über die Schule zu bewirken. Gespräche mit dem Täter und dessen Eltern sind nicht unbedingt ratsam. Ein direktes Gespräch mit dem Täter seitens der Eltern des Opfers kann bewirken, dass sich die Situation nur verschlimmert. Damit schwächen Sie die Position Ihres Kindes, das dadurch noch wehrloser erscheint. Sollten Sie mit den Eltern des Täters sprechen und diese ihn bestrafen, so wird er seine Wut vielleicht ebenfalls an Ihrem Kind auslassen. Manche Eltern nehmen aber auch das eigene Kind in Schutz, bagatellisieren das Vorgefallene und sind so keine Hilfe. Meist ist das Einschreiten der Lehrkräfte hilfreicher. So kann die Lehrkraft im Unterricht allgemein den Umgang miteinander thematisieren – dies ist oft sinnvoller, als Ihr Kind und seine Probleme in den Vordergrund zu stellen. Eine Lehrkraft kann bewirken, dass in ihrer Klasse bestimmte soziale Regeln herrschen, Mobbing geächtet und soziales Verhalten anerkannt wird.

Zu Hause können Sie versuchen, außerschulische soziale Kontakte des Kindes zu stärken bzw. zu schaffen. Da Opfer oft nicht nur wehrlos erscheinen, sondern meist auch gar nicht wissen, wie sie sich bei Angriffen verhalten sollen, sollten mögliche Strategien hierfür mit dem Kind überlegt werden. Ein soziales Kompetenztraining kann helfen, Verhaltensalternativen im geschützten Rahmen zu überlegen und auszuprobieren sowie selbstsicheres Verhalten zu erlernen. Solche Trainings bieten psychologische Beratungsstellen und zum Teil auch Bildungseinrichtungen an. Ferner gibt es spezielle Mobbingberatungsstellen und -telefone. Zeichnet sich keine Veränderung ab, sollte auf jeden Fall die Hilfe einer Beratungsstelle in Anspruch genommen werden.

Was kann die Schule tun?
Mobbing kann vor allem durch die Schule vermieden und abgestellt werden. Ein Anti-Mobbing-Vorgehen sollte auf verschiedenen Ebenen erfolgen. Es ist sinnvoll, wenn sich die Schule grundsätzlich mit dem Thema auseinandersetzt, vielleicht sogar ein entsprechendes Schulprogramm verabschiedet und passende Regeln aufstellt. Günstig ist es, wenn das Kollegium einen Ansprechpartner für derartige Probleme benennt und die Aufsicht gewährleistet ist. Darüber hinaus ist es wichtig, dass alle Lehrkräfte Ansprechbarkeit signalisieren (besonders da sich Opfer oft erst sehr spät melden) und konsequent eingreifen. Auch die Schülerinnen und Schüler sollten dazu angehalten werden, sich einzuschalten oder Lehrkräfte zu informieren – dies ist kein Petzen.

Regelmäßige Klassengespräche helfen, soziales Bewusstsein zu schaffen, und geben Raum, Konflikte anzusprechen. Gemeinsame Aktivitäten wie Klassenausflug, Klassenparty oder Ähnliches fördern das soziale Gefüge. Im Unterricht kann der Zusammenhalt durch den Einsatz kooperativer Lernaufgaben wie Gruppenarbeiten, bei denen jeder seinen Beitrag leisten muss, gestärkt werden. Des Weiteren sollten mit den Schülern Klassenregeln sowie Verhaltensmöglichkeiten bei Konflikten erarbeitet werden. Klassenregeln können z. B. sein: Wir greifen andere nicht an. – Wir helfen denen, die angegriffen werden. – Wir beziehen alle mit ein.[13] Helfendes und integrierendes Verhalten sollte besonders gelobt und anerkannt werden. Wer sich nicht an die Regeln hält, wird bestraft.

Mit dem Täter sollten ernsthafte Gespräche geführt werden, die ihm die Folgen seiner Tat vor Augen führen und den Ernst der Situation aufzeigen. Neben einer vereinbarten Strafe kann ein Täter-Opfer-Ausgleich erfolgen. Dem Opfer sollten Hilfsangebote gemacht werden, es muss wissen, dass es sich auf andere verlassen kann, die es unterstützen (Lehrer, Mitschüler). In der Klasse kann man die Beliebtheit und die Kontakte des Opfers zu steigern versuchen, z.B. indem man ihm eine gemeinsame Aufgabe mit einem beliebten, sozial kompetenten

Kind gibt, ihm für die Klasse wichtige Aufgaben überträgt, Kontakte zu »neutralen« Schülern herstellt etc. Im extremen Fall sollte ein Klassen-/Schulwechsel erfolgen. Damit dieser erfolgreich verläuft, sollte er von gezielten Maßnahmen zur Steigerung der sozialen Kompetenz und der Gleichaltrigenkontakte begleitet werden.

Um sich genauer zu informieren und Handlungsmöglichkeiten zu suchen, seien die Bücher von Olweus (2002), Hurrelmann, Rixius & Schirp (1996), Kasper (2000) oder Krowatschek & Krowatschek(2006) empfohlen. Einen Überblick über Forschungsergebnisse zu Aggression in der Schule geben z.B. Busch & Todt (2006).

Anmerkungen

1 Kalinowski-Czech, 1988; Freese, 1989; Keller, 1992; Wieczerkowski & Prado, 1993; Elbing & Heller, 1996; Wittmann, 2003

2 Elbing & Heller, 1996; Pruisken & Fridrici, 2005

3 Einen guten allgemeinen Überblick über die Förderung begabter Kinder im Kindergarten gibt ein sich an Erzieherinnen und Erzieher richtender Artikel von Rohrmann (2004).

4 Rohrmann, 2004; Rohrmann & Rohrmann, 2005

5 vgl. z.B. Hanses & Rost, 1998a

6 Hanses & Rost, 1998a; Reis & McCoach, 2000; einen kurzen Überblick über den Forschungsstand zu Underachievement geben Sparfeldt & Schilling, 2006

7 Hanses & Rost, 1998a

8 Sparfeldt, Schilling & Rost, 2006

9 Butler-Por, 1987

10 Rohrmann & Rohrmann, 2005

11 Butler-Por, 1993

12 Hilfe für schüchterne bzw. nicht ganz so redegewandte Kinder im Schulunterricht der weiterführenden Schule bietet das Buch von Endres, Forster, Liebetanz & Petermann (2003; Klasse 6–10). Hier geht es darum, Redeangst zu überwinden, ungünstige Gedanken zu bremsen und Selbstsicherheit zu erwerben. Das Buch ist leider nur noch gebraucht erhältlich.

13 Olweus, 2002

Anhang

Literaturtipps

Literatur zum Thema »Intelligenz« und »Hochbegabung«

- Eysenck, H. J. (2004). Die IQ-Bibel. Intelligenz verstehen und messen. Stuttgart: Klett-Cotta.
  Vergleichsweise verständlicher, anregender Überblick über den neueren Stand der Intelligenzforschung.
- Bundesministerium für Bildung und Forschung (2003). Begabte Kinder finden und fördern. Kostenlos zu beziehen beim BMBF, Referat Publikation, 11055 Berlin.
  Kostenlose ins Thema einführende Broschüre mit nützlichem Adressanhang.
- Hessisches Kultusministerium (Hrsg.) (2000). Hilfe, mein Kind ist hochbegabt! IQ 130. Förderung von besonderen Begabungen in Hessen (2. Auflage). Zu beziehen über: Hessisches Landesinstitut für Pädagogik (HeLP). Zentralstelle Publikationsmanagement. Walter-Hallstein-Straße 3, 65197 Wiesbaden. Bestellnummer: HKM15. Oder unter »Infomaterial« auf der Homepage des hessischen Kultusministeriums (http://www.kultusministerium.hessen.de/).
  Die informative Broschüre bietet einen verständlichen Einstieg und darüber hinaus Praxisbeispiele sowie (besonders auf Hessen bezogene) Informationen zu rechtlichen Grundlagen und verschiedenen Fördermaßnahmen.
- Feger, B. & Prado, T. M. (1998). Hochbegabung: Die normalste Sache der Welt. Darmstadt: Primus.
  Ein wissenschaftlich fundiertes, verständliches Übersichtsbuch, das Hochbegabung im Gegensatz zu manch anderem Ratgeber nicht dramatisiert. Leider vergriffen, evtl. in Bibliotheken oder gebraucht erhältlich!
- Sparfeldt, J. & Pruisken, C. (2001). Intellektuelle Hochbegabung – was ist das und wie misst man sie? PÄD Forum, 29/14, 330–333.
  Kurzer Überblicksartikel.
- Rost, D. H. & Schilling, S. R. (2006). Hochbegabung. In D. H. Rost (Hrsg.), Handwörterbuch Pädagogische Psychologie (S. 233–245). 3., überarbeitete und erweiterte Auflage. Weinheim: Psychologie Verlags Union.
  Aktueller Überblicksartikel zu Konzept, Forschung, Konzeptionen, Identifikation, Eigenschaften, Förderung und Beratung.
- Rost, D. H., Sparfeldt, J. R. & Schilling, S. R. (2006). Hochbegabung. In K. Schweizer (Hrsg.), Leistung und Leistungsdiagnostik (S. 187–222). Heidelberg: Springer.

Aktueller Überblicksartikel zu Begriff und Konstrukt, Modellen, Diagnostik und Identifikation, Eigenschaften und Förderung.

Literatur zu Differenzierung/Begabtenförderung
Einführung und Überblick

- Pruisken, C. & Sparfeldt, J. (2004). Hochbegabte Kinder und Jugendliche – besteht ein besonderer Förder- und Forderbedarf? Definition – Bedarf – Maßnahmen – Durchführung. SchulVerwaltung spezial, 2, 11–13.
  Überblicksartikel über die Notwendigkeit von Begabtenförderung sowie verschiedene Förderstrategien für Hochbegabte.
- Rohrmann, S. (2004). Hochbegabt – und doch immer Kind. Besonders begabte Kinder erkennen, begleiten und fördern. Kindergarten heute, 34 (8), 26–31.
  Guter Überblicksartikel für Erzieherinnen und Erzieher über das Erkennen und Fördern Hochbegabter im Kindergarten.
- Pruisken, C., Sparfeldt, J., Graf, S., Hanses, P., Schilling, S. & Rost, D. H. (2001). Diagnostik, Beratung und Förderung im Bereich »Hochbegabung«. PÄD Forum, 29/14, 355–357.
  Der kurze Artikel stellt die Arbeit der Begabungsdiagnostischen Beratungsstelle BRAIN in Marburg vor und informiert über verschiedene Förderansätze.
- Besondere Begabungen – eine Herausforderung für Lehrerinnen und Lehrer. Grundlagen – Förderkonzepte und Praxisbeispiele – Unterstützungsangebote. Schule und Beratung, Heft 10. Zu beziehen über: Hessisches Landesinstitut für Pädagogik (HeLP). Zentralstelle Publikationsmanagement. Walter-Hallstein-Straße 3, 65197 Wiesbaden.
  Dieses Heft stellt im Wesentlichen verschiedene Förderkonzepte und Unterstützungsangebote vor.
- Holling, H., Preckel, F., Vock, M. & Schulze-Willbrenning, B. (2004). Schulische Begabtenförderung in den Ländern. Maßnahmen und Tendenzen. Bonn: Bund-Länder-Kommission für Bildungsplanung und Forschungsförderung (BLK).
  Überblick über Begabtenfördermaßnahmen in den deutschen Bundesländern und synoptische Darstellung verschiedener Maßnahmen.

Vorstellung konkreter Förderstrategien und Umsetzungstipps

- Christiani, R. (Hrsg.) (1994). Auch die leistungsstarken Kinder fördern. Berlin: Cornelsen.
  Grundlegendes zur Förderung leistungsstärkerer Kinder in der Grundschulklasse sowie Anregungen und konkrete Vorschläge für verschiedene Fächer.
- Schulte zu Berge, S. (2005). Hochbegabte Kinder in der Grundschule. Erkennen – verstehen – im Unterricht berücksichtigen. Münster: LIT.
  In diesem Buch sind vor allem die sehr praxisbezogenen Darstellungen der Reali-

sationsmöglichkeiten der Förderung begabter Kinder in der Grundschule (Binnendifferenzierung, Elemente offenen Unterrichts, Grouping, Akzeleration; Teil III) empfehlenswert. Beispiele und mögliche Probleme bei der Umsetzung werden angesprochen.

- Böckelmann, C. & Hug, R. (Hrsg.) (2004). Mosaik Begabungsförderung. Konzepte und Erfahrungen aus dem Schulfeld. Zürich: Verlag Pestalozzianum an der Pädagogischen Hochschule Zürich.
  Erfahrungsberichte über verschiedene schulische Fördermaßnahmen für begabte Schüler (differenzierter Unterricht, Lernatelier, Wochenplanunterricht, Kleingruppen usw.).
- Staatsinstitut für Schulpädagogik und Bildungsforschung München und BMW Group (Hrsg.) (2000). HomoSuperSapiens. Hochbegabte Kinder in der Grundschule erkennen und fördern. München: BMW Group.
  Die detaillierten Praxisbeispiele aus verschiedenen Fächern (S. 93–214) im Begleitbuch des Medienpakets bieten Anregungen für die Förderung im Unterricht der Grundschule.

Allgemeine Bücher zum Thema »Differenzierung«

- Meister, H. (2001). Differenzierung von A–Z. Eine praktische Anleitung für die Sekundarstufen. Stuttgart: Klett.
  Einführendes (nicht speziell auf besonders Begabte bezogenes) Buch über Differenzierung im Unterricht, enthält »ABC« verschiedener Differenzierungsebenen und Methoden sowie Unterrichtsbeispiele, Materialien und Hinweise zur Evaluation.
- Paradies, L. & Linser, H. J. (2001). Differenzieren im Unterricht. Berlin: Cornelsen.
  Das Buch stellt verschiedene Differenzierungsmöglichkeiten vor. Die Texte sind nicht auf Hochbegabte bezogen, sondern eine allgemeine Einführung für Lehrkräfte der Sek. I und II.
- Becker, G., Lenzen, K.-D., Stäudel, L., Tillmann, K.-J., Werning, R. & Winter, F. (Hrsg.) (2004). Heterogenität. Unterschiede nutzen – Gemeinsamkeiten stärken. Friedrich-Jahresheft, XXII.
  Heft über den Umgang mit Heterogenität in der Schule (u. a. jahrgangsheterogene Gruppen, Förderpläne, Arbeit an selbst gewählten Themen; nicht nur Begabungsheterogenität wird thematisiert).

Spezielle Bücher/Hefte

- Zeitschrift »Praxis Grundschule«, Heft 6, Nov. 2002: Begabte Kinder fördern. Braunschweig: Westermann.
  Materialien und Beispielaufgaben aus den Fächern Mathematik und Deutsch werden vorgestellt.
- Nolte, M. (2002). Förderansätze für mathematisch besonders begabte Grundschul-

kinder. In Hessisches Landesinstitut für Pädagogik (Hrsg.). Besondere Begabungen – eine Herausforderung für Lehrerinnen und Lehrer. Grundlagen – Förderkonzepte und Praxisbeispiele – Unterstützungsangebote. Schule und Beratung, Heft 10, S. 61–72. Zu beziehen über: Hessisches Landesinstitut für Pädagogik (HeLP). Zentralstelle Publikationsmanagement. Walter-Hallstein-Straße 3, 65197 Wiesbaden.
Einführender Artikel mit Beispielen über die Förderung mathematischer Begabung.

– Peter-Koop, A. & Sorger, P. (Hrsg.) (2002). Mathematisch besonders begabte Kinder als schulische Herausforderung. Offenburg: Mildenberger.
Das Buch beschäftigt sich mit Diagnose und Förderung mathematischer Begabung im Grundschulalter und stellt sechs Fallstudien vor.

– Bauersfeld., H. & Kießwetter, K. (Hrsg.) (2006). Wie fördert man mathematisch besonders befähigte Kinder? Ein Buch aus der Praxis für die Praxis. Offenburg: Mildenberger.
Verschiedene Förderansätze und Förderprojekte werden vorgestellt (Grundschulalter).

– Nolte, M. (Hrsg.) (2004). Der Mathe-Treff für Mathe-Fans. Hildesheim: Franzbecker.
Vorstellung eines Forschungs- und Förderprojekts zu besonderen mathematischen Begabungen im Grundschulalter.

– Wambach, H. & Langmann, H.-H. (Hrsg.) (1993). Förderung von Jugendlichen in der Mathematik. Praxisbeispiele für die Sekundarstufe I. Bad Honnef: K. H. Bock. Zu beziehen gegen Schutzgebühr über: Bildung und Begabung e. V., Godesberger Allee 90, 53175 Bonn (info@bildung-und-begabung.de).
Beispiele für Förderung in Zirkeln und Arbeitsgemeinschaften sowie durch Wettbewerbe.

– Wiskamp, V. (2005). Naturwissenschaftliches Experimentieren – nicht erst ab Klasse 7. 2., überarbeitete und erweiterte Auflage. Aachen: Shaker.
Anregungen für das Experimentieren mit Kindern im Vorschulalter bis zur gymnasialen Unterstufe. Mit CD-ROM.

– Wambach, H. & Wagner, H. (Hrsg.) (1992). Förderung von Jugendlichen in den Naturwissenschaften. Tagungsbericht mit zahlreichen Praxisbeispielen. Bad Honnef: K. H. Bock. Zu beziehen gegen Schutzgebühr über: Bildung und Begabung e. V., Godesberger Allee 90, 53175 Bonn (info@bildung-und-begabung.de).

– Wambach, H. & Wagner, H. (Hrsg.) (1994). Förderung von Jugendlichen in der Physik. Tagungsbericht mit zahlreichen Praxisbeispielen. Bad Honnef: K. H. Bock. Zu beziehen gegen Schutzgebühr über: Bildung und Begabung e. V., Godesberger Allee 90, 53175 Bonn (info@bildung-und-begabung.de).

Wiskamp, V. (2004). Chemie-Kurse für Hochbegabte. Frankfurt: Harri Deutsch.
Stellt den Darmstädter Studientag und Ferienakademie-Kurse vor. Aus dem Bereich der Chemie werden mehrere in diesem Rahmen durchgeführte Projekte dargestellt. Inkl. CD-ROM mit Materialien/Publikationen.

Differenzierungsmaterialien
Mathematik

Ab Klasse 1 bis Erwachsenenalter

- Hund, W. (2002). Zauberhafte Mathematik. Berlin: Cornelsen.
  Aufgaben zum Zaubern mit Mathematik, zum Verblüffen und Nachdenken für die ganze Klasse.

Grundschule

- Käpnick, F. & Fuchs, M. (2004). Mathe für kleine Asse. Klasse 1 und 2. Berlin: Volk und Wissen.
  Kopiervorlagen für die Differenzierung im oberen Leistungsbereich.
- Gabriel, A., Hestermeyer, G., Kunze, R., Rinkens, H.-D. & Träger, G. K. Knobeln und Entdecken 1/2. Hannover: Schroedel.
  Kopiervorlagen für leistungsstarke Kinder (1./2. Schuljahr).
- Stoker, A. Mathe für ganz Schnelle. Geometrie und Größen. Ergänzungs- und Zusatzaufgaben für das 1. und 2. Schuljahr. Mühlheim: Verlag an der Ruhr.
- Reihe »Eins plus«: Hasemann, K., Leonhardt, U. & Szambien, H. (2006). Denkaufgaben für die 1. und 2. Klasse. Berlin: Cornelsen.
- Eggers, M. Abenteuerliche Mathegeschichten. Klasse 2/3. Mühlheim: Verlag an der Ruhr. (7 Hefte: Die Dinos sind los; Auf der Suche nach dem goldenen Ei; Die Aliens kommen; Das verhexte Haus; Der verrückte Doktor Käferauge; Auf Tauchgang; Eine Reise in die Zukunft). Als Paket oder einzelne Hefte.
  Wer »kniffelt« und richtig rechnet, kommt im Abenteuer weiter. Stoff: alle Rechenarten, geometrische Formen und Körper, Längen, symmetrische Figuren.
- Reihe »Extraklasse« von oldenbourg-bsv: Saalwirth, S. Im Drachenland. Eine 1x1-Geschichte. 2./3. Schuljahr.
  Das Einmaleins wird eingebunden in eine Abenteuergeschichte geübt.
- Gabriel, A., Hestermeyer, G., Kunze, R., Rinkens, H.-D. & Träger, G. K. Knobeln und Entdecken 3/4. Hannover: Schroedel.
  Kopiervorlagen für leistungsstarke Kinder (3./4. Schuljahr).
- Käpnick, F. (2004). Mathe für kleine Asse. Klasse 3 und 4. Berlin: Volk und Wissen.
  Ergänzungsaufgaben für Leistungsstarke, passend zum Unterrichtsplan.
- Reihe »Eins plus«: Nobach, I., Schmitt, E. & Truxius, E.-M. (2005). Knobelaufgaben für die 3. und 4. Klasse. Berlin: Cornelsen.
- Woolley, D. 5 Minuten Logik-Knacker. Klasse 3 und 4. Kopiervorlagen mit Logikaufgaben. Mühlheim: Verlag an der Ruhr.
- Radatz, H. & Rickmeyer, E. (2002). Aufgaben zur Differenzierung im Mathematikunterricht der Grundschule. Hannover: Schroedel.
- Brandt, N. & Stünkel, K. (2004). Abenteuerliche Mathegeschichten. Klasse 4. (4 Hefte: Im Land der Hexen und Kobolde [Arithmetik im Zahlenraum bis 1 000 000]; Die verlassene Insel [Sachrechnen/Größen und Wahrscheinlichkeit]; Ein merkwürdiger

Flug [Geometrie]; Reise ins Mittelalter [Sachrechnen/Größen und Arithmetik]. Mühlheim: Verlag an der Ruhr. Paket oder Einzelhefte.
Passend zu den Unterrichtsinhalten des Mathematikunterrichts, z. B. als Zusatzaufgabe für schnelle Rechner. Durch richtiges Lösen der kniffligen Rätsel findet man den richtigen Weg durch die Geschichte.

Ab Ende Grundschule bis in die weiterführende Schule

- Koth, M. & Grosser, N. Das Pentomino-Buch. Denkspielspaß für Kinder von 9 bis 99. Köln: Aulis.
  Pentominos sind Figuren aus fünf Quadraten. Die Aufgabenseiten des Buches sind so gestaltet, dass sie unmittelbar als kopierfertige Arbeitsblätter verwendet werden können; die vorgegebenen Raster sind eine Zeichenhilfe für gefundene Lösungen. Der Lösungsteil des Buches behandelt ausführlich alle Fragen des Aufgabenteils. Eine Kopiervorlage der Pentominofiguren am Schluss des Buches ermöglicht schnell erste Versuche (am besten aber mit Pentomino-Holzspiel).
- Wittmann, E. C. & Müller, G. N. Programm Mathe 2000. Stuttgart: Klett.
  Konzept für einen aktiv-entdeckenden Unterricht; Schulbuch und begleitende Materialien. Mit Aufgabenstellungen von unterschiedlichem Anspruchsniveau (von Übungsaufgaben bis zu Aufgaben, die zum freien Erkunden und Forschen anregen). S. auch unter Logik/Knobeln.
- Snape, C. & Scott, H. (1995). Mathematische Wundertüte. Stuttgart: Klett.
  Ab 10 Jahren. Gehörte zum Paket »Mathematische Lesebücher«, die Titel »Mathematischer Zauberkasten« und »Mathematische Schatzkiste« sind nur noch gebraucht erhältlich.

Weiterführende Schule

- Fritzlar, T., Käpnick, F. & Rodeck, K. Mathe für kleine Asse. 5.–6. Klasse. Berlin: Volk und Wissen.
  Heft, das die bisherige Reihe für Grundschüler ergänzt.
- Reihe »Eins plus«: Schmitt, E. (2004). Knobelaufgaben für die 5. und 6. Klasse. Berlin: Cornelsen Scriptor.
  Die Aufgaben sollen den Lernenden zu verschiedenen Strategien des Problemlösens führen. Der Band eignet sich für die Differenzierung im Unterricht oder für Hausaufgaben. Er enthält Kopiervorlagen und Lösungen zur Selbstkontrolle durch die Schülerinnen und Schüler. Aus dem Inhalt: Logik, Kombinatorik, Zahlensuche, Raumgeometrie.
- Jackson, M. Fakten herausfiltern und kombinieren. Kl. 5–6. Mühlheim: Verlag an der Ruhr.
- Haven, E., Haver, D., Koziol, A. Systeme entdecken und knacken. Kl. 5–6. Mühlheim: Verlag an der Ruhr.

- Mathematische Lesehefte: Baptist, B. (1997). Pythagoras – und kein Ende? Stuttgart: Klett.
  Ab 12 Jahren. Leider vergriffen, evtl. gebraucht oder in Bibliotheken erhältlich.
- Reihe »Eins plus«: Roth-Sonnen, N., Stein, G. & Stengel, A. (2004). Knobelaufgaben für die 7. und 8. Klasse. Berlin: Cornelsen Scriptor.
- Reihe »Eins plus«: Roth-Sonnen, N., Stein, G. & Stengel, A. (2004). Knobelaufgaben für die 9. und 10. Klasse. Berlin: Cornelsen Scriptor.
  Inhalt: Mathematik als Denkschulung, Förderung des räumlichen Vorstellungsvermögens, Entdeckungen mit dem Taschenrechner, Wettbewerbstraining, Extremwertaufgaben – ohne Analysis.
- Reihe »Eins plus«: Kiehl, M. (2006). Mathematisches Modellieren für die Sekundarstufe II. Berlin: Cornelsen.

Logik, Knobeln und fächerübergreifende Aufgaben

- Spiegel, H. (1998). Spiegeln mit dem Spiegel. Stuttgart: Klett.
  Ab 6 Jahren. Einführende Spiegelaufgaben.
- Heuchert, D. (2003). Was stimmt hier nicht? Übungen zum logischen Denken. Die kleinen Lerndrachen. Stuttgart: Klett Lerntraining.
  6–8 Jahre.
- Wittmann, E. C. & Müller, G. N. (1997). Spielen und Überlegen. Die Denkschule. Erstes und zweites Schuljahr. Stuttgart: Klett.
- Müller, G. N., Röhr, M. & Wittmann, E. C. Schauen und Bauen. Teil 1: Geometrische Spiele mit Quadern. Teil 2: Spiele mit dem Somawürfel. Stuttgart: Klett.
  Ab Klasse 3, räumliches Vorstellungsvermögen und Problemlösen.
- Reihe »Extraklasse« von oldenbourg-bsv: Saalwirth, S. Im Drachenland. Eine 1x1-Geschichte. 2./3. Schuljahr.
  Lesen und Rechnen.
- Wittmann, E. C. & Müller, G. N. (1998). Spielen und Überlegen. Die Denkschule: Drittes und viertes Schuljahr. Stuttgart: Klett.
- Müller, G. N. & Wittmann, E. C. (2000). Spiegeln mit dem Spiegelbuch. Stuttgart: Klett.
  Ab 9 Jahren.

Deutsch

- Reihe »Extraklasse« von oldenbourg-bsv: Laufer, L. (1999). Der kleine Zauberer. Eine Lese-Mal-Geschichte. 1./2. Schuljahr.
  Geschichte mit Rätseln.
- Baier, K. Lustige Wörter-Spiele – Listige Spiel-Wörter. Kopiervorlagen für den Deutschunterricht in der Grundschule. Donauwörth: Auer.
  Hier geht es um Sprachspiele, die den Umgang mit Wörtern und die Einsicht in

sprachliche Zusammenhänge fördern sollen. Die Kopiervorlagen sind fächer- und klassenübergreifend einsetzbar. Es gibt Möglichkeiten zur Differenzierung; die Lösungen sind beigefügt.

- Reihe »Extraklasse« von oldenbourg-bsv: Laufer, L. (2002). Neue Rechtschreibung, Rechtschreib-Geschichten. Arbeitshefte für die Grundschule. 2., 3. und 4. Klasse.
  In den Rechtschreib-Arbeitsheften für das 2.–4. Schuljahr werden kleine Geschichten zum Ausgangspunkt für verschiedene Aufgaben genommen. So gibt es bspw. Übungen zum Wortschatz und zu Rechtschreibstrategien. Im Anhang enthalten alle Hefte Lösungsvorschläge, die auch zur Selbstkontrolle geeignet sind.
- Reihe »Eins plus«: Boehnke, H. (2004). Kreatives Schreiben für die 3. und 4. Klasse. Berlin: Cornelson Scriptor.
  Kinder mit Freude am Erzählen sollen neue Impulse bekommen: Wer kann einen Text mit Wörtern schreiben, die nur den Vokal e enthalten? Die Arbeitsblätter eignen sich für die Differenzierung im Unterricht und als Hausaufgaben. Mit Lösungsvorschlägen als Orientierungshilfe.
- Reihe »Extraklasse« von oldenbourg-bsv: Erichson, Ch. (1999). Der Rechtschreibung auf der Spur. Arbeitsheft für die Grundschule. 3./4. Schuljahr.
  Ein jahrgangsübergreifend konzipiertes Arbeitsheft, das den Schülern die wichtigsten Rechtschreibstrategien vermittelt. In sog. Forscherrunden wird gemeinsam nach Gesetzmäßigkeiten gesucht. Mit »Geschichten aus alter Zeit« wird erklärt, wie bestimmte Schreibweisen entstanden sind.
- Krampe, J., Mittelmann, R. Grammatikspiele für die Klassen 3/4. 50 Kopiervorlagen zur Sprachbetrachtung. Donauwörth: Auer.
  Spiele zu Grammatikproblemen. Die Schüler können diese selbstständig erarbeiten. Verschiedene Spielformen und differenzierende Materialien mit der Möglichkeit zur Selbstkontrolle.
- Biesemann, J. (2002). 88 Schreibideen. Stuttgart: Klett.
  Freiarbeitskarteikarten mit Fotos und unterschiedlich schwierigen Aufgaben und Anregungen zum kreativen Schreiben. Für Klasse 5–9 empfohlen.
- Busse, A., Gornik, H., Hinney, G., Hintz, I. & Menzel, W. Freiraum. Zusatzmaterialien für den Deutschunterricht. Schreiben und Rechtschreiben 5/6. Hannover: Schroedel. Klassenstufen 5/6 (Erweiterte Realschule, Förderschule, Grundschule 5/6, Gesamtschule, Hauptschule, Mittelschule, Orientierungsstufe).
- Busse, A., Gornik, H., Hinney, G., Hintz, I. & Menzel, W. (2000). Freiraum. Zusatzmaterialien für den Deutschunterricht. Grammatik 5/6. Hannover: Schroedel. Klassenstufen 5/6 (Erweiterte Realschule, Förderschule, Grundschule 5/6, Gesamtschule, Hauptschule, Mittelschule, Orientierungsstufe).
- Busse, A., Gornik, H., Hinney, G., Hintz, I. & Menzel, W. Freiraum. Zusatzmaterialien für den Deutschunterricht. Lesen 5/6. Hannover: Schroedel. Klassenstufen 5/6 (Erweiterte Realschule, Förderschule, Grundschule 5/6, Gesamtschule, Hauptschule, Mittelschule, Orientierungsstufe).

- Busse, A., Gornik, H., Hinney, G., Hintz, I. & Menzel, W. Freiraum. Zusatzmaterialien für den Deutschunterricht. Modellwortschatz 5/6. Hannover: Schroedel. Klassenstufen 5/6 (Erweiterte Realschule, Förderschule, Grundschule 5/6, Gesamtschule, Hauptschule, Mittelschule, Orientierungsstufe).
- Reihe »Eins plus«: Boehnke, H. (2004). Kreatives Schreiben für die 5. bis 8. Klasse. Berlin: Cornelson Scriptor.
  Schüler/innen mit Freude am Erzählen sollen neue Impulse erhalten: Synonyme suchen, Kurzkrimis schreiben oder einen Erzählanfang weiterschreiben. Die Arbeitsblätter eignen sich für die Differenzierung im Unterricht oder als Hausaufgaben. Mit Lösungsvorschlägen als Orientierungshilfe.
- Fritzsche, J. Schreibwerkstatt. Geschichten und Gedichte: Schreibaufgaben, -übungen, -spiele. Stuttgart: Klett.
  Material- und Arbeitsheft für Schüler. Klasse 5–10.

Sachkunde

- Winterhalter-Salvatore, D. (2004). Kinder als Forscher und Erfinder. Den Naturgesetzen frühzeitig auf der Spur. KON TE XIS. Methoden & Arbeitsheft.
  Experimentieranleitungen für Kindergärten/Kindertagesstätten. Zu beziehen gegen frankierten C4-Rückumschlag bei JugendTechnikSchule, An der Wuhlheide 197, 12459 Berlin.
  Oder selbst ausdrucken: http://www.kontexis.de/upload/pdf/Arbeitsheft/kontexis-AH504.pdf
- Dröse, I. & Weiß, L. (2002). Versuche im Sachunterricht der Grundschule. Donauwörth: Auer.
  80 Versuche zu Naturwissenschaften. Karteikarten mit Hinweisen zu benötigtem Material und Durchführung.
- Fiegl, H. & Schwarz, U. (Hrsg.) (1998). Sachkunde. Kreativ unterrichten: Wasser. oldenbourg-bsv.
  Unterrichtsideen für offenen Unterricht (Versuche, Basteln, Spiele).
- Fiegl, H. & Schwarz, U. (Hrsg.) (1999). Sachkunde. Kreativ unterrichten: Orientierung im Raum. oldenbourg-bsv.
  Unterrichtsideen für offenen Unterricht (Versuche, Basteln, Spiele).
- Fiegl, H. & Schwarz, U. (Hrsg.) (2000). Sachkunde. Kreativ unterrichten: Wald. oldenbourg-bsv.
  Unterrichtsideen für offenen Unterricht (Versuche, Basteln, Spiele).
- Bender, I. & Gleiß, A. Die Experimente-Kartei für die Grundschule. Kinder versuchen, vermuten, erklären. Mühlheim: Verlag an der Ruhr.
  213 Karteikarten mit Anleitungen zum Fragen, Experimentieren, Beobachten, Erklären.
- Knoll, C. Reihen »Schau doch mal« und »Versuch's doch mal«. Stuttgart: Klett.

Hefte mit Anregungen zu eigenständigen Beobachtungen und Versuchen zu verschiedenen Themen für Grundschulkinder ab 2. oder 3. Klasse.

- Kracht, R. (2000). Spürnase & Co. Stuttgart: Klett.
  Arbeitshefte (Heft I und II erschienen) mit erdkundlichen Kriminalfällen sowie Übungen zur Arbeit mit dem Atlas (ab Mitte der Grundschule).
- Institut für Psychologie der Ludwig-Maximilians-Universität München und BMW Group (Hrsg.). CD-ROM »Entdecke Chemie. Interaktive CD-ROM zur Förderung besonderer Begabungen in den Naturwissenschaften«.
  Kostenlos bei der BMW Group zu beziehende CD-ROM. Ab 9 Jahren empfohlen. Innerhalb des in eine Geschichte eingebetteten Programms werden u. a. Experimente durchgeführt und Stoffe wie Aspirin hergestellt.

Materialien zum eigenständigen Erwerb von Lerntechniken

- Endres, W., Eickmann, N. & Janak, H. (2004). Lernen mit Kniff und Pfiff. 7 Pillen gegen Lernstress. Weinheim: Beltz.
- Endres, W., Eickmann, N. & Janak, H. (2003). Mehr Erfolg beim Lernen. 7 Tritte in den Hintern der Faulheit. Weinheim: Beltz.
  Die beiden Bücher (Band 1 und 2) sind für die eigene Bearbeitung durch das Kind gedacht und für 9- bis 13-Jährige (3.–7. Klasse) geeignet.
- Endres, W. u. a. (2005). So macht Lernen Spaß. Weinheim: Beltz.
  11- bis 16-Jährige (5.–10. Klasse) lernen mit diesem Buch verschiedene Lerntechniken in kleinen Tagesetappen.
- Horst, U. & Ohly, K. P. (2000). Lernbox. Lernmethoden – Arbeitstechniken. Seelze/Velber: Erhard Friedrich Verlag.
  Dieses Buch ist eher für ältere Schüler (Sek. II), die schon grundlegende Lerntechniken beherrschen, geeignet, da es spezielle Fragen beantwortet: Wie erschließe ich mir einen Text, wie erstelle ich ein Referat, wie trage ich vor?

Literatur für Beratende

- Rohrmann, S. & Rohrmann, T. (2005). Hochbegabte Kinder und Jugendliche. Diagnostik – Förderung – Beratung. München: Reinhardt.
  Hilfreich für alle Berufsgruppen, die mit (vermeintlich) Hochbegabten und deren Eltern in Berührung kommen (Psychologen, Pädagogen, Lehrkräfte, Erzieher), Informationen und Anregungen für ihre Beratung bzw. den Umgang mit Kindern und Jugendlichen suchen bzw. ihre Arbeit hinterfragen möchten.
- Pruisken, C. & Fridrici, M. (2005). Besondere Beratung bei besonderer Begabung? Beratungsanlässe in der Begabungsdiagnostischen Beratungsstelle *BRAIN.* In S. R. Schilling, J. R. Sparfeldt & C. Pruisken (Hrsg.). Aktuelle Aspekte pädagogisch-psychologischer Forschung. (S. 111–128). Münster: Waxmann.
  Literaturüberblick und Studie zu Beratungsanlässen in der Hochbegabtenberatung.

Adressen

Die folgende Adresssammlung kann aufgrund der zunehmenden Zahl an Angeboten nur unvollständig bleiben. Der Schwerpunkt wurde daher auf etablierte bzw. überregionale Einrichtungen gelegt. Die Internetadressen wurden im Januar 2007 überprüft. Es wird keine Gewähr für eventuelle Inhaltsänderungen der Seiten sowie die Qualität der Angebote übernommen.

Eine umfangreiche Datenbank bietet die Karg-Stiftung unter http://www.karg-stiftung.de/map.php, hierüber können Sie gezielt Adressen in Ihrer Umgebung suchen.

Das Adressverzeichnis enthält ausführliche Angaben für Deutschland. Bezüglich Angeboten in *Österreich* und der *Schweiz* können Sie sich bei den zentralen Adressen erkundigen.

Österreich

Bundesministerium für Bildung, Wissenschaft und Kultur (bm:bwk)
Dr. Thomas Köhler
Begabungs- und Kreativitätsförderung, Kunst- und Kulturvermittlung
Minoritenplatz 5
1014 **Wien**
Tel. +43/1/531 20-47 84
Fax +43/1/531 20-47 80
E-Mail: thomas.koehler@bmbwk.gv.at
Internet: http://www.bmbwk.gv.at/begabungsfoerderung

Österreichisches Zentrum für Begabtenförderung und Begabungsforschung (özbf)
Schillerstr. 30
5020 **Salzburg**
Tel. +43/(0)6 62/43 95 81
Fax +43/(0)6 62/43 95 81-310
E-Mail: info@begabtenzentrum.at
Internet: http://www.begabtenzentrum.at/

Verwiesen sei auch auf die Internetseiten über Schüler/-innenaktivitäten
http://www.bmbwk.gv.at/schulen/unterricht/ba/schueleraktivitaeten.xml
sowie Ansprechpartner
http://www.bmbwk.gv.at/schulen/unterricht/ba/ansprechpartner.xml

Schweiz

Schweizerische Koordinationsstelle für Bildungsforschung
Netzwerk Begabungsförderung
Entfelderstr. 61
5000 **Aarau**
Tel. +41/(0)62/835 23 90
Fax +41/(0)62/835 23 90
E-Mail: info@begabungsfoerderung.ch
Internet: http://www.begabungsfoerderung.ch/

Deutschland

Beratungsstellen
Die Beratungsstellen sind nach Postleitzahlen aufsteigend geordnet.

Berliner Schulpsychologisches Zentrum
für Begabungsförderung (BSZB)
Badstr. 10
13357 **Berlin**
Tel. 030/200 94 73 61
Fax 030/200 94 73 60

Odysseus-Projekt
Begabungspsychologische Beratungsstelle am Institut für Pädagogische Psychologie der Universität Rostock
18051 **Rostock**
Tel. 03 81/498-26 50/-26 67 (Sprechzeiten)
Fax 03 81/498-26 84
E-Mail: info@odysseus-projekt.de
Internet: http://www.odysseus-projekt.de

Beratungsstelle besondere Begabungen (BbB)
Moorkamp 3
20357 **Hamburg**
Tel. 040/428 01 34 02
Fax 040/428 01 34 49
Internet: http://www.li-hamburg.de/abt.lip/bbb/index.html

Beratungsstelle für Hochbegabungsdiagnostik MIND (Motivations- und Intelligenzdiagnostik)
Christian-Albrechts-Universität Kiel
Olshausenstr. 75
24098 **Kiel**
Tel. 04 31/880-12 80 (Sprechzeiten)
E-Mail: mind@psychologie.uni-kiel.de
Internet: http://www.psychpaed.uni-kiel.de/extra/mind

Begabungsdiagnostische Beratungsstelle *BRAIN*
Universität Marburg
Fachbereich Psychologie
Gutenbergstr. 18
35032 **Marburg**
Tel. 064 21/282 38 89 (Sprechzeiten)
Fax 064 21/282 39 31
E-Mail: brain@staff.uni-marburg.de
Internet: http://staff-www.uni-marburg.de/~brain
Diagnostik und Beratung, keine Psychotherapie

Therapie- und Beratungszentrum,
Poliklinische Institutsambulanz des Psychologischen Instituts der Universität Göttingen,
Schwerpunkt Lernschwierigkeiten, Teilleistungsstörungen und Hochbegabung
Georg-August-Universität
Georg-Elias-Müller-Institut für Psychologie
Abt. 4: Pädagogische Psychologie und Entwicklungspsychologie
Waldweg 26
37073 **Göttingen**
Tel. 05 51/39 92 38 (Sprechzeiten)
Fax 05 51/39 93 22
Internet: http://www.psych.uni-goettingen.de/abt/4/a_beratung.htm

Dr. Sabine Rohrmann
M. A., Diplom-Psychologin, Psychologische Psychotherapeutin
und Kinder- und Jugendlichenpsychotherapeutin
Domplatz 4
38100 **Braunschweig**
(Postadresse: Kirchstraße 1A, 38321 Denkte)
Tel. 053 31/996 83 99
E-Mail: info@beratung-rohrmann.de
Internet: http://www.beratung-rohrmann.de
Diagnostik, Beratung, Psychotherapie

Zentrum für Begabungsforschung (CBO) der Universität Nijmegen
Gaesdoncker Beratungsstelle für Begabtenförderung
Gaesdoncker Str. 220
47574 **Goch**
Tel. 028 23/961-390
Fax 028 23/961-395
E-Mail: info@gbfb.de
Internet: http://www.gbfb.de

Internationales Centrum für Begabungsforschung
Georgskommende 33
48143 **Münster**
Tel. 02 51/832 93 07 (feste Sprechzeit)
Fax 02 51/832 84 61
E-Mail: ICBF@uni-muenster.de
Internet: http://www.icbf.de

Hoch-Begabten-Zentrum für das Rheinland in Brühl
Regionale Schulberatungsstelle
Richard-Bertram-Straße 79
50321 **Brühl**
Tel. 0 22 32/96 95-0, Fax 0 22 32/96 95-12
E-Mail: rsb-hbz@rhein-erft-kreis.de
Internet: www.hoch-begabten-zentrum.de

Hochbegabtenzentrum
Volkshochschule Frankfurt am Main
in der Karmeliterschule
Gutleutstr. 38
60329 **Frankfurt**

Petra Laubenstein Tel. 069/212-393 41
G. Julia Richard Tel. 069/212-359 23
Fax 069/212-409 81
E-Mail: hochbegabtenzentrum.vhs@stadt-frankfurt.de
Internet: http://www.hochbegabtenzentrum.de/
Information und Beratung (keine Diagnostik)

Beratungsstelle der Kinder- und Jugendakademie Südhessen e. V.
Kinder- und Jugendakademie Südhessen e. V.
Im TIZ
Robert-Bosch-Str. 7
64293 **Darmstadt**
Tel. 061 51/71 93 11
Fax 061 51/71 99 16
E-Mail: info@kijash.de
Internet: http://www.kijash.de/

Begabungspsychologische Beratungsstelle
Leopoldstr. 13
80802 **München**
Tel. 089/21 80-63 33 (Sprechzeiten)
Fax 089/21 80-51 53
E-Mail: beratung@mip.paed.uni-muenchen.de
Internet: www.paed.uni-muenchen.de/%7Eppb/Begabung/index.htm
Diagnostik (parallel zu Elterngespräch, danach Beratung)

Begabungspsychologische Beratungsstelle
der Julius-Maximilians-Universität in Würzburg
Röntgenring 10
97070 **Würzburg**
Tel. 09 31/31 60 23
E-Mail: begabungsberatungsstelle@mail.uni-wuerzburg.de
Internet: http://www.begabungsberatungsstelle.uni-wuerzburg.de/

Elternvereine/Selbsthilfegruppen

Elternvereine sind ein (Selbsthilfe-)Zusammenschluss von Eltern mit (potenziell) hochbegabten Kindern. Ziele sind die gegenseitige Unterstützung in ähnlichen Situationen oder bei vergleichbaren Schwierigkeiten, der Austausch von Informationen und Tipps, zum Teil auch die Durchsetzung politischer Forderungen, oftmals auch eine gemeinsame Freizeitgestaltung für Kinder und ihre Familien, das Organisieren von In-

formationsveranstaltungen und Tagungen sowie speziellen Förderkursen für Begabte. Einige Vereine nehmen dabei nur nachgewiesen sehr gut Begabte auf, andere legen zumindest eine Testung nahe.

Elternvereine sind oftmals die erste Anlaufstelle. Manche Familien erleben die gemeinsamen Aktivitäten sehr positiv und sind dankbar für die angebotenen Veranstaltungen. Viele Eltern sind froh, sich mit jemandem austauschen zu können, der einmal ähnliche Fragen hatte. Sie sollten sich aber im Klaren sein, dass die Beratung vorwiegend durch »Betroffene« erfolgt. Eine solche Beratung kann Erleichterung bringen, weil die Berater ähnliche Erfahrungen haben, aber keine psychologische Diagnostik und Beratung ersetzen, da (zum Teil geschulte) Laien beraten. Der Berater oder die Beraterin kann Ihnen nicht sagen (und sollte dies auch nicht versuchen), ob Ihr Kind hochbegabt ist und was die Ursache für mögliche Probleme ist (sondern höchstens auf Möglichkeiten hinweisen).

Kritisch sei angemerkt, dass manche Vereine noch immer einseitig (da nicht auf alle Hochbegabten zutreffend) ein sehr problematisches Bild von Hochbegabung zeichnen sowie sehr stark für trennende Maßnahmen plädieren, d. h. sehr schnell Spezialschulen sowie das Überspringen von Klassen empfehlen, was sicher nicht für alle Kinder geeignet ist. Daher besteht zum Teil die Gefahr, dass Eltern falsche Informationen und Ratschläge erhalten. Dies gilt aber nicht für alle Elterngruppen! Hier unterscheiden sich sowohl die Vereine als auch die jeweiligen Vertreter vor Ort zum Teil sehr stark. Daher sei Eltern empfohlen, sich die jeweiligen Angebote anzusehen und sich eine eigene Meinung zu bilden. Mittlerweile gibt es auch diverse kleinere örtliche Elterngruppen. Aus Platzgründen – dies sagt nichts über die Qualität aus – werden hier die größeren, überregionalen Vereine genannt.

Deutsche Gesellschaft für das hochbegabte Kind e. V.
Bundesgeschäftsstelle
Schillerstr. 4–5
10625 **Berlin**
Tel. 030/34 35 68 29
Fax 030/34 35 69 25
E-Mail: dghk@dghk.de
Internet: http://www.dghk.de
Es gibt diverse Regionalvereine, deren Adressen über den Bundesverein ermittelt werden können. Die Regionalvereine organisieren Veranstaltungen für hochbegabte Kinder, richten lokale Gruppen ein, die u. a. Gesprächskreise für Eltern und Lehrkräfte veranstalten, beraten Eltern und Lehrkräfte in Einzelfällen, sammeln regionale Informationen und geben diese weiter, halten Verbindung zu Schulverwaltung und Kultusministerien, sind für die regionale Öffentlichkeitsarbeit zuständig.

Mensa in Deutschland e. V.
Geschäftsstelle
Cirsten Novellino
Am Klopferspitz 12
82152 **Planegg-Martinsried**
Tel. 089/86 46 62 51 (Sprechzeiten)
Fax 089/86 46 62 52
E-Mail: office@mensa.de
Internet: http://www.mensa.de
Mensa ist ein weltweiter Verein für hochbegabte Menschen jeden Alters. Mitglied werden kann, wer in einem anerkannten Intelligenztest einen Wert von mindestens IQ = 130 erreicht. Mensa möchte hochintelligente Menschen zusammenbringen – über lokale, überregionale und internationale Treffen, Interessen- und Diskussionsgruppen.

Hochbegabtenförderung e. V.
Am Pappelbusch 45
44803 **Bochum**
Tel. 02 34/93 56 70
Fax 02 34/935 67 25
E-Mail: hbf-ev.de
Internet: http://www.hbf-ev.de

LVH
Landesverband Hochbegabung Baden-Württemberg e. V.
Vorsitzende: Irene Mundel
Werderstr. 55
70190 **Stuttgart**
Tel. 07 11/28 13 04
E-Mail: i.mundel@lvh-bw.de
Internet: http://www.lvh-bw.de

Fördereinrichtungen, Kursanbieter

Überregionale Angebote
Schülerakademien, koordiniert vom Verein Bildung und Begabung e. V.
Deutsche SchülerAkademie für die Oberstufe, Kurse in den Sommerferien zu verschiedenen Themen (Natur- und Geisteswissenschaften und musischer Bereich) für besonders befähigte und motivierte Schülerinnen und Schüler (in der Regel ist eine Schulempfehlung erforderlich)

Deutsche JuniorAkademien für die Sekundarstufe I/ab Klasse 7 in mehreren Bundesländern. Zugangskriterien sind nachgewiesene besondere Leistungen im schulischen oder außerschulischen Bereich (gutachterliche Empfehlung der Schule, hohe Leistung in intellektuell anspruchsvollem Wettbewerb).

Deutsche SchülerAkademie
Wissenschaftszentrum
Ahrstraße 45
53175 **Bonn**
Tel. 02 28/959 15-40
Fax 02 28/959 15-49
E-Mail: info@deutsche-schuelerakademie.de
Internet: http://www.deutsche-schuelerakademie.de

Kinderunis
gibt es inzwischen in ganz Deutschland, zahlreiche Universitäten bieten auch Vorlesungen für Kinder an. Eine Übersichts-Homepage beantwortet Fragen wie »Wo gibt es eine Kinderuni in Ihrer Nähe?« und birgt Informatives für interessierte Kinder, Eltern, Lehrende und potenzielle Veranstalter.
Internet: http://www.die-kinder-uni.de

Kindermuseen
oder Kinderabteilungen in etablierten Museen laden mit Spiel- und Experimentierstationen zum Ausprobieren, Forschen und Entdecken ein, wollen Spaß am Lernen vermitteln und das Begreifen mit allen Sinnen ermöglichen. Einige Museen bieten auch Kurse für verschiedene Altersstufen an. Kindermuseen oder Kinderabteilungen in etablierten Museen gibt es mittlerweile in vielen Städten und Orten, z. B. Aurich, Berlin, Bonn, Braunschweig, Dresden, Donaueschingen, Duisburg, Düsseldorf, Frankfurt, Fulda, Halle, Hamburg, Hamm, Hannover, Karlsruhe, Kist, Köln, Leipzig, Leverkusen, Meißen, München, Nürnberg, Oelde, Schönau, Solingen, Speyer, Stuttgart, Weimar, Wertheim, Wolfenbüttel, Wuppertal *(Stand August 2006; Quelle: Bundesverband Deutscher Kinder- und Jugendmuseen). Informationen über die einzelnen Museen und Adressen (auch in Österreich und der Schweiz) bietet die Internetseite des Bundesverbandes Deutscher Kinder- und Jugendmuseen.*
Internet: http://www.bv-kindermuseum.de

Zentren für Mathematik (und Literatur)
- Zentrum für Mathematik Bensheim
- Zentrum für Mathematik und Literatur Fulda
- Zentrum für Mathematik Heilbronn
- Zentrum für Mathematik Wetzlar

Werrastr. 26
64625 **Bensheim**
Tel. 062 51/58 03 06
Internet: http://www.z-f-m.de
Außerschulische mathematische Förderung (u. a. Mathetreff 3456, Samstagsakademien) sowie teilweise weitere Angebote aus anderen Bereichen in den oben genannten Zentren und an weiteren Standorten.

Lokale Anbieter
Die Adressen sind nach Postleitzahlen aufsteigend geordnet.

Kinderakademie Leipzig
Funkenburgstr. 14
04105 **Leipzig**
Tel. 0341/481 65 35
E-Mail: info@kinderakademie-leipzig.de
Internet: http://www.kinderakademie-leipzig.de/

Mathematische Schülergesellschaft »Leonhard Euler«
Humboldt-Universität zu Berlin
Institut für Mathematik
Unter den Linden 6
10099 **Berlin**
E-Mail: sschmidt@mathematik.hu-berlin.de
Internet: http://www.mathematik.hu-berlin.de/~webmsg
Außerunterrichtliche Einrichtung zur Förderung mathematisch interessierter und begabter Schülerinnen und Schüler der Klassenstufen 7–13

William-Stern-Gesellschaft für Begabungsforschung und Begabtenförderung e. V.
Psychologisches Institut II der Universität Hamburg
Von-Melle-Park 5
20146 **Hamburg**
Internet: http://www1.uni-hamburg.de/psych-2/EP/begabung/wilstern.html
Durchführung jährlich stattfindender Talentsuchen in der Hamburger Region, Veranstaltung von Förderkursen für mathematisch besonders befähigte Schüler (Hamburger Modell), Kinderakademie, Beratungsstelle für Hochbegabungsfragen

Zirkel und Ferienakademien
Beratungsstelle besondere Begabungen
Moorkamp 3
20357 **Hamburg**
Tel. 040/42801-3402
Fax 040/42801-3449
E-Mail: norma.benali@li-hamburg.de
Internet: http://www.li-hamburg.de/projekte/projekte.PjSchueler/bbb.foerderprojekte/bbb.foerderprojekte.3/index.html
Begabtenförderungsprojekte für Grundschule und Sekundarstufe I und II (Mathematik, Informatik, Technik, Naturwissenschaften, Kreatives Schreiben).

Talentförderung Mathematik e. V.
Geschäftsführer Studiendirektor Stefan Weinreich
Rispenweg 19
21717 **Helmste**
Tel. 04141/522717
E-Mail: weinreich@talentfoerderung-mathematik.de
Internet: http://www.talentfoerderung-mathematik.de/
Einmal jährlich gegen Ende des Schuljahres wird in den Gymnasien der niedersächsischen und schleswig-holsteinischen Randgemeinden in der 6. Klassenstufe eine Talentsuche durchgeführt. Über Lehrer/-innen-Empfehlungen oder auch auf eigenen Wunsch melden sich Interessenten auf freiwilliger Basis bei der Projektgruppe. Sie erhalten daraufhin Vorbereitungsunterlagen für einen der beiden Auswahltests. An mehreren niedersächsischen Standorten wurden Fördergruppen eingerichtet.

Medizinische Kinderakademie Wilhelmstift
Katholisches Kinderkrankenhaus Wilhelmstift gGmbH
Liliencronstr. 130
22149 **Hamburg-Rahlstedt**
Tel. 040/67377105
Fax 040/67377130
E-Mail: info@kinderakademie-wilhelmstift.de
Internet: http://www.kinderakademie-wilhelmstift.de
Die Anbieter möchten Kindern und Jugendlichen im Alter von 8 bis 14 Jahren ein außerschulisches Forum zur Diskussion ihrer medizinischen Fragen und Interessen bieten. Angeboten werden Kinderakademietage mit Vorlesungen und Praktika sowie Kinderdoktorarbeiten.

Kinderakademie Lilienthal
Bürgerstiftung Lilienthal
Christa Kolster-Bechmann
Vorsitzende der Bürgerstiftung Lilienthal
Mühlendeich 37
28865 **Lilienthal**
Tel. 042 98/91 52 25
E-Mail: kolster-bechmann@buergerstiftung-lilienthal.de
Internet: http://www.buergerstiftung-lilienthal.de/Kinderakademie

Kwährdenker-Club
Jana Swierczek
Dorfstr. 49 b
29336 **Nienhagen**
Tel. 051 44/49 02 33
E-Mail: info@kwaehrdenker-club.de
Internet: http://www.kwaehrdenker-club.de
Kurse für Kinder von 0 bis 13 Jahren und Eltern

uniKIK
Leibniz-Universität Hannover
Welfengarten 1
30167 **Hannover**
Fax 05 11/762-28 51
Internet: http://www.unikik.uni-hannover.de/
Verschiedene Angebote (AGs, Vorlesungen, Wettbewerbe, Juniorstudium) in Mathematik/Naturwissenschaften/Technik für Schülerinnen und Schüler ab Grundschule bis Oberstufe

CJD Jugenddorf Hannover
Gundelachweg 7
30519 **Hannover**
Tel. 05 11/878 39-0
Fax 05 11/86 28 88
E-Mail: mail@cjd-hannover.de
Internet: http://www.cjd-hannover.de
Kurse für Kinder von 6 bis 12 Jahren und integrative Kindertagesstätte

Volkshochschule Gütersloh
Hohenzollernstr. 43
33330 **Gütersloh**
Tel. 052 41/82 29 25
Fax 052 41/82 29 73
E-Mail: VolkshochschuleGuetersloh@gt-net.de
Internet: http://www.vhs-gt.de/frameset.htm?kurseh.htm
Vorlesungen und Seminare für 8- bis 12-Jährige im Rahmen einer Kinderuni

Volkshochschule Kassel
Kinder- und Jugendakademie
Wilhelmshöher Allee 21
34117 **Kassel**
Information: Anja Lipschik
Tel. 05 61/400 66 24 (Sprechzeiten)
E-Mail: Kinder-Jugendakademie-Kassel@web.de
Internet: http://www.Kinder-Jugendakademie-Kassel.de
Förderung von besonders interessierten und begabten Schülerinnen und Schülern

Marburger Chemikum sowie
Jungchemikerforum Marburg/Forum Perpetuum
Philipps-Universität Marburg
Fachbereich Chemie
Hans-Meerwein-Straße
35032 **Marburg**
Chemikum: info@chemikum-marburg.de
Jungchemikerforum Marburg/Forum Perpetuum:
Leonie Mück: Leonie.Mueck@life-science-lab.de und
Wolfgang Große: grosse@students.uni-marburg.de
Internet: http://www.chemikum-marburg.de/
Experimentalvorträge und Mitmach-Labor für Kinder und Jugendliche ab 4 Jahren (Chemikum) sowie Jungchemikerforum ab der 10. Klasse

Mathematikum e. V.
Mathematisches Mitmachmuseum
Liebigstr. 8
35390 **Gießen**
Internet: http://www.mathematikum.de/
Neben einem individuellen Besuch werden z. B. Kindervorlesungen für 8- bis 12-Jährige sowie Experimentvorführungen angeboten.

Kinder-Akademie Fulda
Mehlerstr. 4
36043 **Fulda**
Tel. 06 61/902 73-0
Fax 06 61/902 73-25
E-Mail: info@kaf.de
Internet: http://www.kaf.de
Museum, Kurse, Kinderuni

Kreisarbeitsgemeinschaften, Korrespondenzzirkel und Spezialistenlager/ Künstlerische Werkstätten in Sachsen-Anhalt
Kultusministerium des Landes Sachsen-Anhalt
Referat Presse- und Öffentlichkeitsarbeit
Turmschanzenstr. 32
39114 **Magdeburg**
Internet: http://www.sachsen-anhalt.de/LPSA/index.php?id=pg69y8651gcj

Volkshochschule Düsseldorf
Bertha-von-Suttner-Platz 1
40227 **Düsseldorf**
Tel. 02 11/89-941 50
Fax 02 11/89-936 63
E-Mail: volkshochschule-duesseldorf.de
Internet: http://www.duesseldorf.de/vhs/
Angebote für besonders begabte Kinder und Jugendliche

Volkshochschule Krefeld
Von-der-Leyen-Platz 2
47798 **Krefeld**
Tel. 021 51/86 26 64
E-Mail: vhs@krefeld.de
Internet: http://www.krefeld.de/vhs
Angebote für besonders begabte und motivierte Schülerinnen und Schüler

LNU
Leistungszentrum für Naturwissenschaften und Umweltfragen am Gymnasium Frechen
StD Paul Feltes
Rotdornweg 43
50226 **Frechen**

Tel. 022 34/955 56-0
Fax 022 34/955 56-66
E-Mail: pfeltes@lnu-frechen.de
Internet: http://www.lnu-frechen.de
Das Leistungszentrum für besonders befähigte und interessierte Schüler/-innen bietet Kurse und Praktika mit dem Schwerpunkt Naturwissenschaften/Umweltfragen an.

Kinder-College e. V.
Auf dem Hähnchen 18
53578 **Windhagen**
Tel. 026 45/97 02 61
Fax 026 45/97 02 62
Internet: http://www.kinder-college.de

Kinderakademie im
Lerncenter Wörrstadt
Friedrich-Ebert-Str. 48–50
55286 **Wörrstadt**
Tel. 067 32/50 62
E-Mail: info@lerncenterwoerrstadt.de
Internet: http://www.lerncenterwoerrstadt.de/html/kinderakademie.html

Volkshochschule Olpe
Kurfürst-Heinrich-Str. 34
57462 **Olpe**
Tel. 027 61/92 36 31
Fax 027 61/92 36 00
E-Mail: info@vhs-kreis-olpe.de
Internet: http://webapps.kdz-ws.net/vhs370/
Außerschulisches Angebot für hochbegabte, besonders begabte und besonders interessierte Kinder und Jugendliche im Kreis Olpe

VHS Menden-Hemer-Balve
Werringser Str. 4
58706 **Menden**
Tel. 023 73/90 96-10
Fax 023 73/90 96-13
E-Mail: anmeldung@vhs-menden.de
Internet: http://www.vhs-menden.de/JungeVHS/JungeVHS.htm
Kursangebote für hochbegabte, besonders begabte und besonders interessierte Kinder und Jugendliche

Hochbegabtenzentrum
Volkshochschule Frankfurt am Main
in der Karmeliterschule
Gutleutstr. 38
60329 **Frankfurt**
Fax 069/212-409 81
E-Mail: hochbegabtenzentrum.vhs@stadt-frankfurt.de
Internet: http://www.hochbegabtenzentrum.de/
Diverse Kurse für Hochbegabte

Volkshochschule Offenbach
Berliner Str. 77
63065 **Offenbach**
Tel. 069/80 65 31 41
Fax 069/80 65 31 44
E-Mail: vhs@offenbach.de
Internet: http://www.vhs-offenbach.de
Kurse für hochbegabte und besonders interessierte Kinder

Kinder- und Jugendakademie Südhessen e. V.
Im TIZ
Robert-Bosch-Str. 7
64293 **Darmstadt**
Tel. 061 51/71 93 11
Fax 061 51/71 99 16
E-Mail: info@kijash.de
Internet: http://www.kijash.de/
Bietet u. a. Studientage für Grundschüler und Fünft- bis Zehntklässler der Gymnasialstufe an.

Beratungsstelle Hochbegabung
Wallerfanger Str. 25
66763 **Dillingen**
Tel. 068 31/76 98 30
Fax 068 31/769 83 22
E-Mail: info@iq-xxl.de
Internet: http://www.iq-xxl.de/index2.php?topic=schueler
Verschiedene Förderangebote im Saarland: Studientage für Vorschulkinder, Fördergruppen in Grundschulen, Fördergruppen in Gymnasien, Studientage für Schüler/-innen, Akademien (SommerAkademie Klassen 1–6, JuniorAkademie Klassen 7–10, SchülerAkademie Klassen 11–12).

Kinderakademie Mannheim
Nanni Kaiser, Schulamtsdirektorin
Staatliches Schulamt D 7, 2a-4
68159 **Mannheim**
Tel. 06 21/293-23 73
Fax 06 21/293-23 99
E-Mail: Nanni.Kaiser@mannheim.de
Internet: http://www.kinderakademie-mannheim.de

Jugendakademie Mannheim Rhein-Neckar-Dreieck
Stadt Mannheim
Fachbereich Bildung
Herr Pfeifer-Petz
Rathaus E 5
68519 **Mannheim**
Tel. 06 21/293-26 79
Fax 06 21/293-98 51
E-Mail: peter.pfeifer-petz@mannheim.de
Internet: http://www.jugendakademie-mannheim.de/
Akademien für die Unter-, Mittel- und Oberstufe

Heidelberger Life-Science Lab
am Deutschen Krebsforschungszentrum Heidelberg (dkfz)
Technologiepark III
Gebäude C
Im Neuenheimer Feld 582
69120 **Heidelberg**
E-Mail: H.Novatschkova@DKFZ.de
Internet: http://www.life-science-lab.de
Förderung mathematisch und naturwissenschaftlich-technisch besonders interessierter und begabter Mittel- und Oberstufenschüler

Kinder- und Jugendakademie Stuttgart
Seminarschulrätin Renate Behrendt
Postfach 1133
71240 **Ditzingen**
Tel. 071 56/312 76
Fax 071 56/184 90
E-Mail: hanns-und-renate-behrendt@z.zgs.de
Internet: http://www.kinder-und-jugendakademie-stuttgart.de

Kinderakademie der Berufsakademie Stuttgart
Staatliche Studienakademie
Jägerstraße 56
70174 **Stuttgart**
Nicole Bastian
Tel. 07 11/18 49-672
E-Mail: bastian@ba-stuttgart.de
Internet: http://www.ba-stuttgart.de/2969.0.html
Die Kinderakademie richtet sich an Schülerinnen und Schüler von Gymnasien, die zwischen 10 und 12 Jahre alt sind.

Kepler-Seminar für Naturwissenschaften
Heidehof Stiftung GmbH
Heidehofstr. 33
70184 **Stuttgart**
Tel. 07 11/480 64-40
Fax 07 11/480 64-45
E-Mail: kontakt@heidehof-stiftung.de
Internet: http://www.heidehof-stiftung.de/bildung/kepler
Förderung mathematisch und naturwissenschaftlich-technisch besonders interessierter Oberstufenschülerinnen und -schüler

Kinderakademie in der Grundschule Am Langen Garten
Maria Blum, Schulamtsdirektorin
Wilhelm-Meister-Weg 1
74523 **Schwäbisch-Hall**
Tel. 07 91/75 20
Internet: http://www.schwaebischhall.de/Kinderakademie.933.0.html

Kinderakademie Pfiffikus
Alexandra Abel-Wildemann
Jägerweg 5
76332 **Bad Herrenalb**
Tel. 070 83/52 44 45
Fax 070 83/52 44 48
E-Mail: info@kinderakademie-pfiffikus.de
Internet: http://www.kinderakademie-pfiffikus.de/

Kinder- und Jugendakademie Baden-Baden/Landkreis Rastatt e. V.
Titus Bailer
Landratsamt Rastatt
Herrenstr. 21
76437 **Rastatt**
Tel. 072 22/381-14 00
Fax 072 22/381-14 98
E-Mail: t.bailer@landkreis-rastatt.de

KinderAkademie
Volkshochschule Karlsruhe
Kaiserallee 12e
76133 **Karlsruhe**
Tel. 07 21/85 75-0
Fax 07 21/985 75-75
E-Mail: vhs@karlsruhe.de
Internet: http://www.vhs.karlsruhe.de
Kinder- und Jugendkurse im Rahmen der »Jungen VHS« sowie spezielle KinderAkademie für besonders und hochbegabte Kinder und Jugendliche.

Kinder- und Jugendakademie Konstanz-Bodensee
Geschäftsführung der Kinder- und Jugendakademie Konstanz-Bodensee
Geschäftsstelle des Förderkreises der KJA
Caroline Fischer
Landratsamt Konstanz, Schulamt
Benediktinerplatz 1
78467 **Konstanz**
Tel. 075 31/800-709
Fax 075 31/800-728
E-Mail: caroline.fischer@landkreis-konstanz.de
Internet: http://www.ssa.kn.bw.schule.de/ssaKJA.htm

Freiburg-Seminar
Ralf Erens
Arlesheimer Str. 27
79112 **Freiburg**
Tel. 076 64/40 38 58
E-Mail: Erens@Freiburg-Seminar.de
Internet: http://www.freiburg-seminar.de/
Förderung besonders befähigter Schülerinnen und Schüler (vorwiegend der gymnasialen Oberstufe) in Mathematik und Naturwissenschaften

Medizinische Kinderakademie Ravensburg
Oberschwaben Klinik gGmbH
Elisabethenstr. 15
88212 **Ravensburg**
Tel. 0751/87-0
Fax 0751/87-2523
E-Mail: kinderakademie@oberschwabenklinik.de
Internet: http://kinderakademie.oberschwabenklinik.de/
Die Anbieter möchten Kindern und Jugendlichen ein außerschulisches Forum zur Diskussion ihrer medizinischen Fragen und Interessen zu bieten. Angeboten werden Kinderakademietage mit Vorlesungen und Praktika sowie Kinderdoktorarbeiten.

Kinder- und Jugendakademie Bad Waldsee
Gemeinnützige Stiftung für Begabtenförderung
Bernd Friedrich
Döchtbühlschule
Döchtbühlweg 5
88339 **Bad Waldsee**
Tel./Fax 07524/914015 (Sprechzeiten)
E-Mail: Begabungsfoerderung@gmx.de
Enrichment-Zusatzförderung mit Exkursionen zu außerschulischen Lernorten für Vorschule bis Oberstufe für die Region Oberschwaben/nördlicher Bodensee. Aufnahmevoraussetzung ist eine aussagekräftige Nomination durch Lehrkräfte/Psychologen bzw. Vorlage eines Testgutachtens. Funktionsweise ähnlich einer Volkshochschule, Akademie arbeitet weitgehend auf der Basis ehrenamtlichen Engagements. Dieses wird auch von den Eltern erwartet.

Schülerforschungszentrum Bad Saulgau
Gutenbergstr. 18
88348 **Bad Saulgau**
E-Mail: sfz@rlehn.com
Internet: http://www.sfz-bw.de
Im Schülerforschungszentrum (SFZ) wird laut Eigenbeschreibung auf höchstem Niveau und dennoch altersgemäß an wissenschaftlichen Themenstellungen gearbeitet, wobei sich das SFZ nicht als Hochbegabteneinrichtung versteht. Vielmehr sollen die Teilnehmer Leistungsbereitschaft, Neugier und gute Kenntnisse in der jeweiligen Fachrichtung mitbringen sowie Bereitschaft, gemeinsam im Team mit Schülern von anderen Schulen an Problemlösungen zu arbeiten. Außerdem werden Physikwerkstätten für Grundschüler angeboten. In spielerischen Experimenten lernen die Grundschüler physikalische Phänomene kennen.

kli-ki-Tag
Klinikum Nürnberg
kli-ki-Klinikum-Kinderakademie
CeKIB, Bernd Siegler
Prof.-Dr.-Ernst-Nathan-Straße 1
90419 **Nürnberg**
Internet: http://www.kli-ki.de
Zweimal im Jahr findet der kli-ki-Tag im Klinikum Süd in Langwasser für Kinder zwischen 7 und 12 Jahren statt. Experten aus den Kinderkliniken berichten in Vorträgen über ihre Arbeit im Krankenhaus. Danach dürfen die Teilnehmer selber forschen, das Labor, den Operationssaal oder ein Untersuchungszimmer besuchen.

CJD Jugenddorf Nürnberg
Hans-Georg Karg Kindertagesstätte
Grünstr. 17
90439 **Nürnberg**
Tel. 0911/9657753
Fax 0911/9646337
E-Mail: kita@cjd-nuernberg.de
Internet: http://www.cjd-nuernberg.de
Kurse und integrative Kindertagesstätte

KinderUNI Nürnberg
KinderKulturForum UFO
Michael-Ende-Str. 17
90439 **Nürnberg**
Tel. 0911/231-6803
Internet: http://www.ufo-nuernberg.de/index_kinderuni.html

Kinderakademie GENIAL
Nürnberger Str. 51
91052 **Erlangen**
Tel. 09131/9749380
Fax 09131/9749381
E-Mail: kinderakademiegenial@gmx.de
Internet: http://www.kinderakademie-genial.de
Angebote für 5- bis 12-Jährige

Bildungscamp Christes e. V.
Meininger Str. 21b
98547 **Christes**
Tel./Fax 036844/40404
E-Mail: bcchristes@aol.com
Internet: http://www.bildungscamp.de
Camps und Kurse, teilweise in Zusammenarbeit mit dem Thüringer Kultusministerium bzw. der DGhK e. V.

Schülerakademie Erfurt
Schottenstr. 7
99084 **Erfurt**
Tel. 0361/655-2950
E-Mail: info@schuelerakademie-erfurt.de
Internet: http://www.schuelerakademie-erfurt.de/

Schulen

Die folgende Liste ist sicher nicht vollständig, viele Schulen haben inzwischen die Begabtenförderung in ihr Schulprogramm aufgenommen. Hier sind vor allem weiterführende Schulen mit segregierenden Maßnahmen (Begabtenklassen) und Internate aufgeführt. Schulen mit speziellen Schwerpunkten (z. B. mathematisch-naturwissenschaftlich) sowie integrativen Maßnahmen (Gütesiegelschulen, Impulsschulen) sind zahlreicher und den umfassenden Homepages zu entnehmen. Um Schulen in Ihrer Nähe zu finden, wenden Sie sich am besten an den örtlichen Schulpsychologen.

Die Adressen der nachfolgend aufgeführten Schulen sind nach Postleitzahlen aufsteigend geordnet.

Sächsisches Landesgymnasium Sankt Afra
Freiheit 13
01662 **Meißen**
Tel. 03521/4560
Fax 03521/456199
E-Mail: st.afra@st-afra.smk.sachsen.de
Internet: http://www.sankt-afra.de
Gymnasium in Landesträgerschaft des Freistaates Sachsen für motivierte Schülerinnen und Schüler mit hohem Potenzial in mehreren Domänen

CJD Christophorusschule Droyßig
Zeitzer Str. 3
06722 **Droyßig**
Tel. 03 44 25/214 86
Fax 03 44 25/214 83
E-Mail: direktion@cjd-droyssig.de
Internet: http://www.cjd-droyssig.de

CJD Christophorusschule Rostock
CJD – Christliches Jugenddorfwerk Deutschlands e. V.
Groß Schwaßer Weg 11
18057 **Rostock**
Tel. 03 81/80 71-0
Fax 03 81/80 71-103
E-Mail: cjd.rostock@cjd.de
Internet: http://www.cjd-rostock.de

Brecht-Schulen GmbH
Norderstr. 163/165
20097 **Hamburg**
Tel. 040/211 11 20
Fax 040/21 11 12 20
E-Mail: info@brecht-schulen.de
Internet: http://www.brecht-schulen.de/brecht/53531196c00db5f01/index.html
Begabtenklasse ab 5. Jahrgang

CJD Braunschweig
CJD – Christliches Jugenddorfwerk Deutschlands e. V.
Georg-Westermann-Allee 76
38104 **Braunschweig**
Tel. 05 31/70 78-0
Fax 05 31/70 78-255
E-Mail: schule@cjd-braunschweig.de
Internet: http://www.cjd-braunschweig.de

Collegium Augustinianum Gaesdonck
Bischöfliches Gymnasium mit Internat
Gaesdoncker Str. 220
47574 **Goch**
Tel. 028 23/96 10
Fax 028 23/96 11 00
E-Mail: poststelle@gaesdonck.de
Internet: http://www.gaesdonck.de

CJD Jugenddorf-Christophorusschule Königswinter
CJD – Christliches Jugenddorfwerk Deutschlands e. V.
Cleethorpeser Platz 12
53639 **Königswinter**
Tel. 022 23/92 22-0
Fax 022 23/92 22-12
E-Mail: sekretariat@cjd-koenigswinter.de
Internet: http://www.cjd-koenigswinter.de

Schule für Hochbegabtenförderung/Internationale Schule
Auguste-Viktoria-Gymnasium
Dominikanerstraße
54290 **Trier**
Tel. 06 51/146 19 10
Fax 06 51/146 19 29
E-Mail: Sekretariat@AVG-Trier.de
Internet: http://www.AVG-Trier.de

Schule für Hochbegabtenförderung/Internationale Schule
am Gymnasium Mainz-Gonsenheim
An Schneiders Mühle 1
55122 **Mainz**
Tel. 061 31/906 56 26
Fax 061 31/906 56 46
E-Mail: hbfis-mainz@stadt.mainz.de
Internet: http://www.hbfis-mainz.de/wDeutsch/index.php

Schule für Hochbegabtenförderung/Internationale Schule
Max-von-Laue-Gymnasium
Südallee 1
56068 **Koblenz**
Tel. 02 61/91 48 30
Fax 02 61/914 83 10
E-Mail: schulleitung@mvlg.de
Internet: http://www.mvlg.de/

Förderklasse an der Otto-Hahn-Schule Hanau
Otto-Hahn-Schule
Kastanienallee 69
63454 **Hanau**
Tel. 061 81/92 17 00
Fax 061 81/921 70 99
E-Mail: sekretariat@otto-hahn-schule.hanau.de
Internet: http://www.otto-hahn-schule.hanau.de/
Hochbegabtenklasse für die Stufen 5–10 im Gymnasium für motivierte Hochbegabte und in geringem Umfang Underachiever.

Internatsschule Schloss Hansenberg
Hansenbergallee 11
65366 **Geisenheim-Johannisberg**
Tel. 067 22/49 60
E-Mail: info@hansenberg.de
Internet: http://www.hansenberg.de/
Oberstufengymnasium und Internat des Landes Hessen für leistungsstarke und leistungsmotivierte Schülerinnen und Schüler.

Schule für Hochbegabtenförderung/Internationale Schule
Staatliches Heinrich-Heine-Gymnasium
Im Dunkeltälchen 65
67663 **Kaiserslautern**
Tel. 06 31/20 10 40
Fax 06 31/201 04 23
E-Mail: hhg-kl@gmx.de
Internet: http://www.hhg-kl.de

Leonardo-da-Vinci-Gymnasium
Postfach 1446
69142 **Neckargemünd**
Tel. 062 23/810
Fax 062 23/922 40 54
E-Mail: info@ldvg.srh.de
Internet: http://www.ldvg.de
Privates Gymnasium, das sich an hochbegabte Kinder und Jugendliche wendet

Privates Kurpfalz-Internat
Diersteinstr. 1–7
69245 **Bammental**
Tel. 062 23/96 10
Fax 062 23/494 67
E-Mail: sekretariat@kurpfalz-internat.de
Internet: http://www.kurpfalz-internat.de
Internat für intelligente, leistungsschwache Schüler (Abitur, Realschulabschluss, Hauptschulabschluss können erworben werden)

Karls-Gymnasium
Tübinger Str. 38
70178 **Stuttgart**
Tel. 07 11/216 43 99
Fax 07 11/216 43 40
E-Mail: karls-gymnasium@web.de
Internet: http://www.karls-gymnasium.de
Hochbegabtenzug

Landesgymnasium für Hochbegabte – Schwäbisch Gmünd
Universitätspark 21
73525 **Schwäbisch Gmünd**
Tel. 071 71/10 43 81 00
Fax 071 71/10 43 82 00
E-Mail: info@lgh-gmuend.de
Internet: http://www.lgh-gmuend.de/LGH/index.php

Reuchlin-Gymnasium
Schwarzwaldstr. 84
75173 **Pforzheim**
Tel. 07231/392557
Fax 07231/391677
E-Mail: reuchlin@stadt-pforzheim.de
Internet: http://www.reuchlin-gymnasium.de
Hochbegabtenzug

Scheffel-Gymnasium Lahr
Otto-Hahn-Str. 7
77933 **Lahr/Schwarzwald**
Tel. 07821/919630
Fax 07821/919635
E-Mail: schulleitung@scheffel-gymnasium.de
Internet: http://www.scheffel-gymnasium.de
Hochbegabtenzug

Staatliches Maria-Theresia-Gymnasium
Regerplatz 1
81541 **München**
Tel. 089/4599200
Fax. 089/45992026
E-Mail: maria-theresia-gymnasium@muenchen.de
Internet: http://www.mtg.musin.de
Förderklassen für hochbegabte Schülerinnen und Schüler ab der Jahrgangsstufe 6, nimmt in begrenztem Umfang auch Underachiever auf

Otto-von-Taube-Gymnasium
Germeringer Str. 41
82131 **Gauting**
Tel. 089/8932610
Fax 089/893261 15
E-Mail: schulleitung@ovtg.de
Internet: http://www.ovtg.de/
Förderklasse für Hochbegabte ab 5. Jahrgangsstufe

Schulzentrum Ulm-Wiblingen
Albert-Einstein-Gymnasium
Buchauerstr. 9
89079 **Ulm**
Tel. 07 31/161 36 52
Fax 07 31/161 16 56
E-Mail: einstein-gym@ulm.de
Internet: www.gw.schule.ulm.de
Hochbegabtenzug

Modellprojekt »Förderklassen für hochbegabte Schülerinnen und Schüler«
Deutschhaus-Gymnasium
Zeller Str. 41
97082 **Würzburg**
Tel. 09 31/35 94 00
Fax 09 31/359 40 20
E-Mail: mail@deutschhaus.de
Internet: http://www.modellklassen-dhg.de/

Die folgenden Internetseiten bieten Listen von Schulen mit integrativer Förderung oder Schwerpunkten bzw. Schulzeitverkürzung.

Impulsschulen (Integrative Hochbegabtenförderung an Grundschulen)
Im Februar 2003 begann die Karg-Stiftung das auf drei Jahre angelegte Pilotprojekt »Impulsschulen« mit 15 Grundschulen aus neun Bundesländern mit dem Ziel integrativer Frühförderung Hochbegabter und der Weiterbildung ihrer Lehrkräfte (Lehrerfortbildung und Schulentwicklung). Die Schulen entwickeln im Laufe des Projekts ein individuell »maßgeschneidertes« Konzept zur Förderung hochbegabter Kinder innerhalb des Klassenverbands und der Schulgemeinschaft.
Internet: http://www.karg-stiftung.de/impulsschulen.php

Gütesiegel hochbegabungsfördernder Schulen
Grundschulen, Gymnasien und Gesamtschulen in Hessen, die sich besonders der Begabtenförderung widmen.
Information: http://grundschule.bildung.hessen.de/Paedagogik/Begabung/prima_begabung
Informationen über das Gütesiegel und die aktuell ausgezeichneten Schulen beim Hessischen Kultusministerium – Ref. II.9 Ref. I. Herr MinRat Walter Diehl M. A., Tel. 06 11/368-27 08/-25 18, E-Mail: w.diehl@hkm.hessen.de, Luisenplatz 10, 65185 Wiesbaden

Verein MINT-EC
Verein mathematisch-naturwissenschaftlicher Excellence-Center an Schulen e. V.
Poststr. 4/5
10178 **Berlin**
Tel. 030/40 00 67-31/-32/-33
Fax 030/40 00 67-35
E-Mail: info@mint-ec.de
Internet: http://www.mint-ec.de
Verein mathematisch-naturwissenschaftlicher Excellence-Center an Schulen e. V. (Verein MINT-EC) ist eine Initiative der deutschen Industrie mit dem Ziel, mehr Nachwuchs für Mathematik, Informatik, Naturwissenschaften und Technik, die »MINT-Fächer«, zu begeistern. Schulen mit Sekundarstufe II und MINT-Schwerpunktsetzung werden nach einer erfolgreichen schriftlichen Bewerbung als mathematisch-naturwissenschaftliche Excellence-Center ausgezeichnet. Im Frühjahr 2007 gehören dem Netzwerk bundesweit 83 Schulen in 15 Bundesländern an.

Spezis.de
hat laut Eigenbeschreibung das Ziel, die naturwissenschaftlich-technischen Spezialschulen in Deutschland zu unterstützen. Die Internetseite stellt eine Kommunikationsplattform zur Verfügung für an dieser Form der Begabtenförderung interessierte Gruppen: die Spezialschulen, die Lehrer, die Spezialschüler (gegenwärtige und ehemalige), die Fördervereine sowie die Förderer aus Wirtschaft und Politik. Die Seite enthält neben Informationen zu Charakteristika und Anforderungen von Spezialschulen auch eine Liste mit Spezialschulen (in den neuen Bundesländern).
Internet: http://www.spezis.de/

BEGYS
Begabtenförderung am Gymnasium mit Verkürzung der Schulzeit
Internet: http://www.gymnasium.bildung-rp.de/
(s. Rubrik »Unterricht/Profil«, dann »Begabtenförderung«; dort kann »Information zu BEGYS« angeklickt werden)
Im Informationsblatt zu BEGYS findet sich eine Liste der anbietenden Schulen in Rheinland-Pfalz.

Wettbewerbe

Arbeitsgemeinschaft der bundesweiten Schülerwettbewerbe
http://www.bundeswettbewerbe.de
Zusammenschluss staatlich anerkannter und gesamtstaatlich geförderter Schülerwettbewerbe in Deutschland

Bildung und Begabung e. V.
Godesberger Allee 90
53175 **Bonn**
Tel. 02 28/95 91 50
Fax 02 28/959 15 19
E-Mail: info@bildung-und-begabung.de
Internet: http://www.bildung-und-begabung.de
Der Verein richtet verschiedene Wettbewerbe (Bundeswettbewerb Mathematik, Auswahlwettbewerb zur Internationalen Mathematik-Olympiade und Bundeswettbewerb Fremdsprachen, außerdem Ferienakademien) aus.

Jugend forscht
http://www.jugend-forscht.de/
Umfangreiche Informationen über den Wettbewerb »Jugend forscht«.

Wettbewerb »Känguru der Mathematik«
Internet: http://www.mathe-kaenguru.de
In ganz Europa gehen am Kängurutag Schülerinnen und Schüler der 3.–13. Klasse an den Start.

Internetseiten/-foren

Karg-Stiftung für Hochbegabtenförderung
http://www.karg-stiftung.de
Umfangreiche, informative Seiten: Informationen zum Thema, Bücherdatei und Rezensionen, Datenbank mit Beratungs- und Förderinstitutionen

Kubus
http://www.kubus-online.net/index.php
Internetseite und Forum für junge Hochbegabte zwischen 15 und 25

»Netzwerk für helle Köpfe«
http://www.stormingbrains.de
Moderiertes Forum für hochbegabte Jugendliche

Elternforen
Spezielle Foren bzw. Rubriken zum Thema »Hochbegabung« gibt es mittlerweile auf mehreren Seiten, so dass hier keine speziellen Seiten aufgeführt werden.

Literaturverzeichnis

Akademie für Lehrerfortbildung Dillingen (Hrsg.) (1994). *Besonders* begabt – besonders *begabt*. Förderung besonders begabter Schülerinnen und Schüler an Grund- und Hauptschule, Realschule und Gymnasium. *Akademiebericht Nr. 255.*

Albert, R. S. (1994). The achievement of eminence: A longitudinal study of exceptionally gifted boys and their families. In R. F. Subotnik & K. D. Arnold (Eds.). *Beyond Terman: Contemporary studies of giftedness and talent* (pp. 282–315). Norwood, New Jersey: Ablex Publishing Corporation.

Albrecht, H. T. & Rost, D. H. (1983). Über den Zusammenhang von Hochbegabung und Wohnqualität. Eine Wohnbezirksanalyse aus San Diego, USA. *Psychologie in Erziehung und Unterricht, 30*, 281–289.

Amelang, M & Bartussek, D. (1997). *Differentielle Psychologie und Persönlichkeitsforschung.* 4., überarbeitete und erweiterte Auflage. Stuttgart: Kohlhammer.

Amelang, M. & Zielinski, W. (2002). *Psychologische Diagnostik und Intervention.* 2., korrigierte, aktualisierte und überarbeitete Auflage. Berlin: Springer.

Amelang, M. & Zielinski, W. (1997). *Psychologische Diagnostik und Intervention.* Berlin: Springer.

Anderson, M. A., Tollefson, N. A. & Gilbert, E. C. (1985). Giftedness and reading: A cross-sectional view of differences in reading attitudes and behaviors. *Gifted Child Quarterly, 29*, 186–189.

Asendorpf, J. B. (2002). Emotionale Intelligenz nein, emotionale Kompetenzen ja. Kommentar zum Artikel »Emotionale Intelligenz – ein irreführender und unnötiger Begriff« von Heinz Schuler. *Zeitschrift für Personalpsychologie, 1*, 180 f.

Austin, A. B. & Draper, D. C. (1981). Peer relationships of academically gifted: A review. *Gifted Child Quarterly, 25*, 129–133.

Barbe, W. B. (1956). A study of family background of the gifted. *Journal of Educational Psychology, 47*, 302–309.

Barnett, L. A. & Fiscella, J. U. (1985). A child by another name … A comparison of the playfulness of gifted and nongifted children. *Gifted Child Quarterly, 29*, 61–66.

Becker, G. (1978). *The mad genius controversy: A study in the sociology of deviance.* Beverly Hills: Sage.

Becker, G., Lenzen, K.-D., Stäudel, L., Tillmann, K.-J., Werning, R. & Winter, F. (Hrsg.) (2004). Heterogenität. Unterschiede nutzen – Gemeinsamkeiten stärken. *Friedrich-Jahresheft, XXII.*

Böckelmann, C. & Hug, R. (Hrsg.) (2004). *Mosaik Begabungsförderung. Konzepte und*

Erfahrungen aus dem Schulfeld. Zürich: Verlag Pestalozzianum an der Pädagogischen Hochschule Zürich.
Boring, E. G. (1923). Intelligence as the tests test it. *The New Republic* (June 6), 35 ff.
Brunner, E. J. (2006). Familieninteraktion/Familienerziehung. In D. H. Rost (Hrsg.), *Handwörterbuch Pädagogische Psychologie* (S. 181–187). 3., überarbeitete und erweiterte Auflage. Weinheim: Psychologie Verlags Union.
Buch, S. R., Sparfeldt, J. R. & Rost, D. H. (2006). Eltern beurteilen die Entwicklung ihrer hochbegabten Kinder. *Zeitschrift für Entwicklungspsychologie und Pädagogische Psychologie, 38 (2),* 53–61.
Bundesministerium für Bildung und Forschung (Hrsg.) (2001). *Begabte Kinder finden und fördern. Ein Ratgeber für Eltern und Lehrer.* Bonn: Bundesministerium für Bildung und Forschung.
Bundesministerium für Bildung und Forschung (Hrsg.) (2003). *Begabte Kinder finden und fördern. Ein Ratgeber für Elternhaus und Schule.* Bonn: Bundesministerium für Bildung und Forschung.
Bundeszentrale für gesundheitliche Aufklärung (2005). *Adhs – Aufmerksamkeitsdefizit/hyperaktivitätsstörung … was bedeutet das?* Kostenlos erhältlich bei der Bundeszentrale für gesundheitliche Aufklärung, 51101 Köln, oder E-Mail: order@bzga.de; Bestell-Nr.: 11090100.
Burks, B. S., Jensen, D. W. & Terman, L. M. (1930). *The promise of youth: Follow-up studies of a thousand gifted children. (Genetic studies of genius.* Vol. 3.) Stanford, Ca.: Stanford University Press.
Busch, L. & Todt, E. (2006). Agression in der Schule. In D. H. Rost (Hrsg.), *Handwörterbuch Pädagogische Psychologie* (S. 1–8). 3., überarbeitete und erweiterte Auflage. Weinheim: Psychologie Verlags Union.
Butler-Por, N. (1987). *Underachievers in schools. Issues and intervention.* Wiley.
Butler-Por, N. (1993). Underachieving gifted students. In K. A. Heller, F. J. Mönks & A. H. Passow (Eds.), *International handbook of research and development of giftedness and talent* (pp. 649–668). Oxford: Pergamon.
Calic-Newman, S. (2003). Gifted girls: Underachieving politely, blending perfectly, disappearing quietly, succeeding differently. In J. F. Smutny (Ed.), *Undeserved gifted populations* (pp. 381–404). Cresskill, NJ: Hampton Press.
Case, G. D. (1994). Career development of gifted and regular elementary school students. *Dissertation Abstracts International, 54,* 2511–A.
Cassel, R. N. & Hendsch, G. (1962). A comparative analysis of occupational interest scores between gifted and typical 5th grade pupils. *The Journal of Psychology, 54,* 241–244.
Christiani, R. (Hrsg.) (1994). *Auch die leistungsstarken Kinder fördern.* Berlin: Cornelsen.
Cox, R. L. (1977). Background characteristics of 456 gifted students. *The Gifted Child Quarterly, 21,* 261–267.

Cropley, A. (2006). Kreativität und Kreativitätsförderung. In D.H. Rost (Hrsg.), *Handwörterbuch Pädagogische Psychologie* (S. 362–370). 3., überarbeitete und erweiterte Auflage. Weinheim: Psychologie Verlags Union.

Czeschlik, T. (1993). Temperamentsfaktoren hochbegabter Kinder. In D. H. Rost (Hrsg.), *Lebensumweltanalyse hochbegabter Kinder. Das Marburger Hochbegabtenprojekt* (S. 138–158). Göttingen: Hogrefe.

Czeschlik, T. & Rost, D. H. (1988). Hochbegabte und ihre Peers. *Zeitschrift für Pädagogische Psychologie, 2,* 1–23.

Czeschlik, T. & Rost, D. H. (1995). Sociometric types and children's intelligence. *British Journal of Developmental Psychology, 13,* 177–189.

Davis, G. A. & Rimm, S. B. (2004). *Education of the gifted and talented.* 5th ed. Boston, MA: Pearson.

Detzner, M. & Schmidt, M. H. (1988). Epidemiologische Methoden. In H. Remschmidt & M. H. Schmidt (Hrsg.), *Kinder- und Jugendpsychiatrie in Klinik und Praxis. Band I: Grundprobleme, Pathogenese, Diagnostik, Therapie.* Stuttgart: Thieme.

Döpfner, M. (2006). Hyperaktivität und Impulsivität. In D. H. Rost (Hrsg.), *Handwörterbuch Pädagogische Psychologie* (S. 252–260). 3., überarbeitete und erweiterte Auflage. Weinheim: Psychologie Verlags Union.

Döpfner, M., Fröhlich, J. & Lehmkuhl, G. (2000). *Ratgeber Hyperkinetische Störungen. Information für Betroffene, Eltern, Lehrer und Erzieher.* Göttingen: Hogrefe.

Döpfner, M., Schürmann, S. & Lehmkuhl, G. (1999). *Wackelpeter und Trotzkopf. Hilfe bei hyperkinetischem und oppositionellem Verhalten.* Weinheim: PVU.

Dörner, H. (1993). Leistungsbezogenes Denken hochbegabter Grundschulkinder. In D.H. Rost (Hrsg.), *Lebensumweltanalyse hochbegabter Kinder. Das Marburger Hochbegabtenprojekt* (S. 159–196). Göttingen: Hogrefe.

Eccles, J. S. (1985). Why doesn't Jane run? Sex Differences in educational and occupational patterns. In F. D. Horowitz & M. O'Brien (Eds.), *The gifted and talented. Developmental Perspectives* (pp. 251–295). Washington, D. C.: American Psychological Association.

Elbing, E. (2000). *Hochbegabte Kinder – Strategien für die Elternberatung.* München: Reinhardt.

Elbing, E. & Heller, K. A. (1996). Beratungsanlässe in der Hochbegabtenberatung. *Psychologie in Erziehung und Unterricht, 43,* 57–69.

Endres, W., Forster, M., Liebetanz, F. & Petermann, A. (2003). *Mündlich gut. Rhetorik-Tipps.* Weinheim: Beltz.

Eysenck, H. J. (2004). *Die IQ-Bibel. Intelligenz verstehen und messen.* Stuttgart: Klett-Cotta.

Feger, B. (1987). Förderprogramme für Hochbegabte. Überlegungen zur Planung und Durchführung. *Psychologie in Erziehung und Unterricht, 34,* 161–170.

Feger, B. & Prado, T. M. (1989). Probleme hochbegabter Schüler in Waldorfschulen. *Psychologie in Erziehung und Unterricht, 36 (3),* 216–228.

Feger, B. & Prado, T. M. (1998). *Hochbegabung. Die normalste Sache der Welt.* Darmstadt: Primus.

Fox, L. H., Pasternak, S. R. & Peiser, N. L. (1976). Career-related interest patterns of gifted college students. In D. P. Keating (Ed.), *Intellectual talent. Research and development* (pp. 242–261). Baltimore: Johns Hopkins University Press.

Freeman, J. (1979). *Gifted children. Their identification and development in a social context.* Lancaster: MTP Press.

Freese, H.-L. (1989). *Förderkurs und Elternberatung. Abschlussbericht über ein Modellprojekt in Berlin.* Bonn: Bundesministerium für Bildung und Wissenschaft.

Freund-Braier (2001). *Hochbegabung, Hochleistung, Persönlichkeit.* Münster: Waxmann.

Friedrich, S. & Friebel, V. (1996). *Trau dich doch. Wie Kinder Schüchternheit und Angst überwinden.* Reinbek: Rowohlt.

Fröhlich, W. D. (1993). *dtv-Wörterbuch zur Psychologie.* 19., bearbeitete und erweiterte Auflage. München: Deutscher Taschenbuch Verlag.

Gagné, F. (1993). Constructs and models pertaining to exceptional human abilities. In K. A. Heller, F. J. Mönks & A. H. Passow (Eds.), *International Handbook of Research and Development of Giftedness and Talent* (pp. 69–87). Oxford: Pergamon.

Gardner, H. (1983). *Frames of mind: The theory of multiple intelligences.* New York: Basic.

Gardner, H. (1991). *Abschied vom IQ. Die Rahmentheorie der vielfachen Intelligenzen.* Stuttgart: Klett-Cotta.

Gardner, H. (2002). *Intelligenzen: Die Vielfalt des menschlichen Geistes.* Stuttgart: Klett-Cotta.

Glover, J. A., Ronning, R. R. & Reynolds, C. R. (Eds.) (1989). *Handbook of creativity.* New York: Plenum Press.

Goleman, D. (1995). *Emotional intelligence. Why it can matter more than IQ.* New York: Bantam Books.

Goleman, D. (1996). *Emotionale Intelligenz.* München: Carl Hanser.

Gross, M. (1993). *Exceptionally gifted children.* London: Routledge.

Häcker, H. & Stapf, K. H. (Hrsg.) (1998). *Dorsch Psychologisches Wörterbuch.* 13., überarbeitete und erweiterte Auflage. Bern: Hans Huber.

Hanses, P. & Rost, D. H. (1998a). Das »Drama« hochbegabter Underachiever – »Gewöhnliche« oder »außergewöhnliche« Underachiever? *Zeitschrift für Pädagogische Psychologie, 12,* 53–71.

Hanses, P. & Rost, D. H. (1998b). *Wie definiere ich die eigene Zielgruppe weg? Über die Problematik multidimensionaler Extremgruppendefinitionen.* Vortrag auf der 56. AEPF-Tagung in Mannheim (23.–26.09.98).

Hany, E. A. (1987). *Modelle und Strategien zur Identifikation hochbegabter Schüler. Unveröffentlichte Dissertation.* München: Ludwig-Maximilians-Universität.

Hany, E. A. (2001). Förderung der Kreativität. In K. J. Klauer (Hrsg.), *Handbuch kogni-*

tives Training (S. 261–291). 2., überarbeitete und erweiterte Auflage. Göttingen: Hogrefe.
Hany, E. A. & Heller, K. A. (1991). Gegenwärtiger Stand der Hochbegabtenforschung. Replik zum Beitrag Identifizierung von Hochbegabung. *Zeitschrift für Entwicklungspsychologie und Pädagogische Psychologie, 23,* 241–249.
Harty, H. & Beall, D. (1984). Attitudes toward science of gifted and nongifted fifth graders. *Journal of Research in Science Teaching, 21,* 483–488.
Hattie, J. (1992). *Self-concept.* Hillsdale, NJ: Lawrence Erlbaum.
Heinbokel, A. (1988). *Hochbegabte. Erkennen, Probleme, Lösungswege.* Baden-Baden: Nomos.
Heinbokel, A. (1996). Hochbegabte. Erkennen, Probleme, Lösungswege. Münster: LIT.
Heinbokel, A. (2002). Gehupft wie gesprungen: Was nützt das Überspringen? In C. Solzbacher & A. Heinbokel (Hrsg.), *Hochbegabte in der Schule – Identifikation und Förderung* (S. 76–95). Münster: LIT.
Heinbokel, A. (2006). Überspringen. In D. H. Rost (Hrsg.), *Handwörterbuch Pädagogische Psychologie* (S. 794–798). 3., überarbeitete und erweiterte Auflage. Weinheim: Psychologie Verlags Union.
Heist, P., McConnell, T. R., Mastler, F. & Williams, P. (1961). Personality and scholarship. *Science, 133,* 362–367.
Heller, K. A. (Hrsg.) (1992). *Hochbegabung im Kindes- und Jugendalter.* Hogrefe.
Heller, K. A. (2000). Begabungsdefinition, Begabungserkennung und Begabungsförderung im Schulalter. In H. Wagner (Hrsg.), *Begabung und Leistung in der Schule. Modelle der Begabtenförderung in Theorie und Praxis* (S. 39–70). 2., überarbeitete und erweiterte Auflage. Bad Honnef: Bock.
Heller, K. A. (Hrsg.) (2001). *Hochbegabung im Kindes- und Jugendalter.* 2., überarbeitete und erweiterte Auflage. Göttingen: Hogrefe.
Heller, K. A. (2002). Intelligenz: allgemein oder domain-spezifisch? Kommentar zum Artikel »Emotionale Intelligenz – ein irreführender und unnötiger Begriff« von Heinz Schuler. *Zeitschrift für Personalpsychologie, 1,* 179 f.
Hoberg, K. & Rost, D. H. (2000). Interessen. In D. H. Rost (Hrsg.), *Hochbegabte und hochleistende Jugendliche. Neue Ergebnisse aus dem Marburger Hochbegabtenprojekt* (S. 339–365). Münster: Waxmann.
Hocevar, D. & Bachelor, P. (1989). A taxonomy and critique of measurements used in the study of creativity. In J. A. Glover, R. R. Ronning & C. R. Reynolds (Eds.), *Handbook of creativity* (pp. 53–75). New York: Plenum Press.
Hoge, R. D. & Renzulli, J. S. (1993). Exploring the link between giftedness and self-concept. *Review of Educational Research, 63,* 449–465.
Holahan, C. K. & Sears, K. R. (1995). *The gifted group in later maturity.* Stanford, CA: Stanford University Press.
Holling, H. & Kanning, U. P. (1999). *Hochbegabung. Forschungsergebnisse und Fördermöglichkeiten.* Göttingen: Hogrefe.

Hundsalz, A. (1995). *Die Erziehungsberatung. Grundlagen, Organisation, Konzepte und Methoden.* Weinheim: Juventa.

Hundsalz, A. (1996). Erziehungs- und Familienberatung. In M. Hofer, E. Wild & B. Pikowsky (Hrsg.), *Pädagogisch-psychologische Berufsfelder. Beratung zwischen Theorie und Praxis* (S. 57–85). Bern: Hans Huber.

Hurrelmann, K., Rixius, N. & Schirp, H. (Hrsg.) (1996). *Gewalt in der Schule. Ursachen – Vorbeugung – Intervention.* Weinheim: Beltz Taschenbuch.

Ingenkamp, K. (1971). *Fragwürdigkeit der Zensurengebung.* Weinheim: Beltz.

Ingenkamp, K. (1992). *Lehrbuch der Pädagogischen Diagnostik.* Weinheim: Beltz.

Jensen, A. R. (1998). *The g factor. The science of mental ability.* Westport, Connecticut: Praeger.

Jost, M. (1999). *Extra-Klasse? Hochbegabte in der Schule erkennen und begleiten.* Wiesbaden: Universum.

Kalinowski-Czech, M. (1988). *Beratungsstelle für Hochbegabtenprobleme in Hamburg. Abschlussbericht über ein Modellprojekt.* Bonn: Bundesministerium für Bildung und Wissenschaft.

Kasper, H. (2000). *Streber, Petzer, Sündenböcke. Wege aus dem täglichen Elend des Schülermobbings.* Lichtenau: AOL.

Kasten, H. (2006). Geschlechtsunterschiede. In D. H. Rost (Hrsg.), *Handwörterbuch Pädagogische Psychologie* (S. 212–218). 3., überarbeitete und erweiterte Auflage. Weinheim: Psychologie Verlags Union.

Keller, G. (1990). Aufgaben der Bildungsberatung bei der Förderung hochbegabter Schüler. *Psychologie in Erziehung und Unterricht, 37,* 54–57.

Keller, G. (1992). Schulpsychologische Hochbegabtenberatung. Ergebnisse einer Beratungsstudie. *Psychologie in Erziehung und Unterricht, 39,* 125–132.

Keller, G. (2003). *Ich will nicht lernen! Motivationsförderung in Elternhaus und Schule.* Bern: Huber.

Kerr, B. A. & Nicpon, M. F. (2003). Gender and giftedness. In N. Colangelo & G. A. Davis (Eds.), *Handbook of gifted education* (3rd ed., pp. 493–505). Boston, MA: Allyn and Bacon.

Kincaid, D. (1969). A study of highly gifted elementary pupils. *Gifted Child Quarterly, 13,* 264–267.

Kitano, M. K. (1985). Ethnography of a preschool for the gifted: What gifted children actually do. *Gifted Child Quarterly, 29,* 67–71.

Klauer, K. J. (2001). Intelligenz und Begabung. In D. H. Rost (Hrsg.), *Handwörterbuch Pädagogische Psychologie* (S. 280–285). 2., überarbeitete und erweiterte Auflage. Weinheim: Psychologie Verlags Union.

Klauer, K. J. (2006). Intelligenz und Begabung. In D. H. Rost (Hrsg.), *Handwörterbuch Pädagogische Psychologie* (S. 275–280). 3., überarbeitete und erweiterte Auflage. Weinheim: Psychologie Verlags Union.

Kohler, B. (2002). *Hausaufgaben. Helfen – aber wie?.* 6. Auflage. Weinheim: Beltz.

Konstat, E., Berry, G. & Katragadda, C. (1988). Leisure time activities of gifted children. In K. A. Heller (Ed.), *The first international conference on leisure time activities and non-academic accomplishments of gifted students (30.06.–02.07.1988). Conference report* (pp. 202–210). München: Institute of Educational Psychology, Ludwig-Maximilians-Universität.
Kovaltchouk, O. L. (1998). *Hochbegabte Jugendliche und ihre Peer-Beziehungen.* Regensburg: Roderer.
Krowatschek, D. (2001). *Alles über ADS. Ein Ratgeber für Eltern und Lehrer.* Düsseldorf: Walter.
Krowatschek, D. (2004). *Wut im Bauch. Aggression bei Kindern.* Düsseldorf: Walter.
Krowatschek, D. & Krowatschek, G. (2006) *Was tun? Mobbing erfolgreich beenden. Hilfen für Opfer und Täter.* Lichtenau: AOL.
Landerl, K. & Wimmer, H. (2006). Lese-Rechtschreib-Schwächen. In D. H. Rost (Hrsg.), *Handwörterbuch Pädagogische Psychologie* (S. 441–450). 3., überarbeitete und erweiterte Auflage. Weinheim: Psychologie Verlags Union.
Langfeldt, P. & Tent, L. (1999). *Pädagogisch-psychologische Diagnostik. Band 2: Anwendungsbereiche und Praxisfelder.* Göttingen: Hogrefe.
Lucito, L. J. (1964). Gifted children. In L. M. Dunn (Ed.), *Exceptional children in the schools* (pp. 179–238). New York: Holt, Rinehart and Winston.
Lück, G. (2003). *Handbuch der naturwissenschaftlichen Bildung in Kindertageseinrichtungen.* Freiburg: Herder.
Lück, G. (2005). *Neue leichte Experimente für Eltern und Kinder.* Freiburg: Herder.
Lück, G. (2006). *Leichte Experimente für Eltern und Kinder.* 11. Auflage. Freiburg: Herder.
Lupkowski, A. E. (1989). Social behaviors of gifted and typical preschool children in laboratory preschool programs. *Roeper Review, 11,* 124–127.
Maur-Lambert, S. & Landgraf, A. (2003). *Keine Angst vor der Angst! Elternratgeber bei Ängsten im Grundschulalter.* Dortmund: Borgmann.
McGuffog, C., Feiring, C. & Lewis, M. (1987). The diverse profile of the extremely gifted child. *Roeper Review, 10,* 82–89.
Menne, K. (2001). Aktuelle Entwicklungstendenzen in der Erziehungsberatung. In K. Menne & A. Hundsalz (Hrsg.), *Jahrbuch für Erziehungsberatung Band 4* (S. 229–251). Weinheim: Juventa.
Metha, A. & McWirter, E. H. (1997). Suicide ideation, depression, and stressful life events among gifted adolescents. *Journal for the Education of the Gifted, 20* (3), 284–304.
Mönks, F. J. (1963). Beiträge zur Begabtenforschung im Kindes- und Jugendalter. *Archiv für die gesamte Psychologie, 115,* 362–382.
Mönks, F. J. (1991). Kann wissenschaftliche Argumentation auf Aktualität verzichten? Replik zum Beitrag Identifizierung von Hochbegabung. *Zeitschrift für Entwicklungspsychologie und Pädagogische Psychologie, 23,* 232–240.

Mönks, F. J. & van Boxtel, H. W. (1985). Gifted adolescents: A developmental perspective. In J. Freeman (Ed.), *The psychology of gifted children. Perspectives on development and education* (pp. 275–295). Chichester: John Wiley & Sons.

Neubauer, A. C. & Freudenthaler, H. H. (2001). Emotionale Intelligenz: Ein Überblick. In E. Stern & J. Guthke (Hrsg.), *Perspektiven der Intelligenzforschung* (S. 205–232). Lengerich: Pabst.

Neubauer, A. C. & Freudenthaler, H. H. (2002). Sind emotionale traits als Fähigkeiten meßbar? Kommentar zum Artikel »Emotionale Intelligenz – ein irreführender und unnötiger Begriff« von Heinz Schuler. *Zeitschrift für Personalpsychologie, 1*, 177 f.

Nichols, R. C. & Davis, J. A. (1964). Characteristics of students of high academic aptitude. *Personel Academic Guidance Journal, 42*, 794–800.

Olszewski-Kubilius, P. & Kulieke, M. J. (1989). Personality dimensions of gifted adolescents. In J. L. VanTassel-Baska & P. Olszewski-Kubilius (Eds.), *Patterns of influence on gifted learners. The home, the self and the school* (pp. 125–145). New York: Teachers College Press.

Olweus, D. (2002). *Gewalt in der Schule. Was Lehrer und Eltern wissen sollten – und tun können.* Bern: Hans Huber.

Painter, F. (1981). *Gifted Children. A research study. Their relative levels of scholastic achievement and interests. Teachers' views on their educational needs.* Knebworth, Herts.: Pullen Publications.

Pegnato, C. W. & Birch, J. W. (1959). Locating gifted children in junior high schools: A comparison of methods. *Exceptional Children, 25*, 300–304.

Perleth, C. (2000). Neue Tendenzen und Ergebnisse in der Begabungs- und Intelligenzdiagnostik. In H. Joswig (Hrsg.), *Begabungen erkennen – Begabte fördern. Beiträge anlässlich der wissenschaftlichen Arbeitstagung des ABB e. V.* (S. 35–64). Rostock: Philosophische Fakultät, Institut für Pädagogische Psychologie, Universität Rostock.

Perleth, C. (2001). Follow-up-Untersuchungen zur Münchner Hochbegabungsstudie. In K. A. Heller (Hrsg.), *Hochbegabung im Kindes- und Jugendalter* (S. 357–446). 2., überarbeitete und erweiterte Auflage. Göttingen: Hogrefe.

Perleth, C. & Heller, K. A. (1994). The Munich longitudinal study of giftedness. In R. Subotnik & K. Arnold (Hrsg.), *Beyond Terman: Contemporary longitudinal studies of giftedness and talent* (pp. 77–114). Norwood, NJ: Ablex.

Petermann, F., Döpfner, M. & Schmidt, M. H. (2001). *Ratgeber Aggressives Verhalten.* Göttingen: Hogrefe.

Prado, T. M. & Wieczerkowski, W. (1990). Mädchen und Jungen in einer Beratungsstelle für Hochbegabtenfragen. Ergebnisse, Beobachtungen, Erfahrungen. In W. Wieczerkowski & T. M. Prado (Hrsg.), *Hochbegabte Mädchen* (S. 59–80). Bad Honnef: Bock.

Pruisken, C. (2004). Interessen und Freizeitbeschäftigungen hochbegabter (Grundschul-)Kinder. *Zeitschrift für Pädagogische Psychologie, 18 (1)*, 1–14.

Pruisken, C. (2005). *Interessen und Hobbys hochbegabter Kinder. Formeln statt Fußball?* Münster: Waxmann.

Pruisken, C. & Fridrici, M. (2005). Besondere Beratung bei besonderer Begabung? Beratungsanlässe in der Begabungsdiagnostischen Beratungsstelle *BRAIN.* In S. R. Schilling, J. R. Sparfeldt & C. Pruisken (Hrsg.), *Aktuelle Aspekte pädagogisch-psychologischer Forschung* (S. 111–128). Münster: Waxmann.

Pruisken, C. & Rost, D. H. (2005). Hochintelligent und besonders interessiert? Über Interessen und Hobbys hochbegabter Grundschulkinder. *Psychologie in Erziehung und Unterricht, 2,* 100–112.

Ramos-Ford, V. & Gardner, H. (1991). Giftedness from a multiple intelligences perspective. In N. Colangelo & G. A. Davis (Eds.), *Handbook of Gifted Education* (pp. 55–64). Boston, MA: Allyn and Bacon.

Reis, S. M. & McCoach, D. B. (2000). The underachievement of gifted students: What do we know and where do we go? *Gifted Child Quarterly, 44,* 152–170.

Renzulli, J. S. (1978*). What makes giftedness? Reexamining a definition. Phi Delta Kappan, 60,* 180–184, 261.

Renzulli, J. S. (1988). A decade of dialogue on the three-ring conception of giftedness. *Roeper Review, 11,* 18–25.

Renzulli, J. S. & Smith, L. H. (1980). An alternative approach to identifying and programming for gifted and talented students. Toward a definition of giftedness. *G/C/T, November/December,* 4–11.

Robinson, N. M. & Noble, K. D. (1991). Social-emotional development and adjustment of gifted children. In M. C. Wang, M. C. Reynolds & H. J. Walberg (Eds.), *Handbook of special education: research and practice, Vol. 4: Emerging programs. Advances in education* (pp. 57–76). Oxford: Pergamon Press.

Rogge, J.-U. (1995). *Eltern setzen Grenzen.* Reinbek: Rowohlt Taschenbuch Verlag.

Rogge, J.-U. (2002). *Pubertät. Loslassen und Haltgeben.* Reinbek: Rowohlt Taschenbuch Verlag.

Rogge, J.-U. (2004). *Kinder brauchen Grenzen.* Reinbek: Rowohlt Taschenbuch Verlag.

Rohrmann, S. (2004). Hochbegabt – und doch immer Kind. Besonders begabte Kinder erkennen, begleiten und fördern. *Kindergarten heute, 34 (8),* 26–31.

Rohrmann, S. & Rohrmann, T. (2005). *Hochbegabte Kinder und Jugendliche. Diagnostik – Förderung – Beratung.* München: Reinhardt.

Rost, D. H. (1991a). Identifizierung von »Hochbegabung«. *Zeitschrift für Entwicklungspsychologie und Pädagogische Psychologie, 23,* 197–231.

Rost, D. H. (1991b). »Belege«, »Modelle«, Meinungen, Allgemeinplätze. Anmerkungen zu den Repliken von E. A. Hany & K. A. Heller und F. Mönks. *Zeitschrift für Entwicklungspsychologie und Pädagogische Psychologie, 23,* 250–262.

Rost, D. H. (1991c). Effect strength vs. statistical significance: A warning against the dangers of small samples. A comment on Gefferth and Herskovits's article »Leisure activities as predictors of giftedness«. *European Journal for High Ability, 2,* 236–243.

Rost, D.H. (1993a). *Lebensumweltanalyse hochbegabter Kinder. Das Marburger Hochbegabtenprojekt.* Göttingen: Hogrefe.

Rost, D.H. (1993b). Persönlichkeitsmerkmale hochbegabter Kinder. In D.H. Rost (Hrsg.), *Lebensumweltanalyse hochbegabter Kinder. Das Marburger Hochbegabtenprojekt* (S. 105–137). Göttingen: Hogrefe.

Rost, D.H. (1993c). Fördermaßnahmen für hochbegabte Grundschulkinder. In D.H. Rost (Hrsg.), *Lebensumweltanalyse hochbegabter Kinder. Das Marburger Hochbegabtenprojekt* (S. 197–213). Göttingen: Hogrefe.

Rost, D.H. (Hrsg.) (2000a). *Hochbegabte und hochleistende Jugendliche.* Münster: Waxmann.

Rost, D. H. (2000b). Grundlagen, Fragestellungen, Methode. In D. H. Rost (Hrsg.), *Hochbegabte und hochleistende Jugendliche* (S. 1–91). Münster: Waxmann.

Rost, D. H. (2001). Hochbegabung. In D. H. Rost (Hrsg.), *Handwörterbuch Pädagogische Psychologie* (S. 239–248). 2., überarbeitete und erweiterte Auflage. Weinheim: Psychologie Verlags Union.

Rost, D.H. & Czeschlik, T. (1994). Beliebt und intelligent? Abgelehnt und dumm? – Eine soziometrische Studie an 6500 Grundschulkindern. *Zeitschrift für Sozialpsychologie, 25,* 170–176.

Rost, D. H. & Hanses, P. (1992). Spielzeugbesitz und Spielzeugnutzung bei hochbegabten Jungen und Mädchen. *Zeitschrift für Entwicklungspsychologie und Pädagogische Psychologie, 24,* 91–114.

Rost, D. H. & Hanses, P. (1993). Spielzeugbesitz und Spielzeugnutzung bei hochbegabten Jungen und Mädchen. In D. H. Rost (Hrsg.), *Lebensumweltanalyse hochbegabter Kinder. Das Marburger Hochbegabtenprojekt* (S. 214–235). Göttingen: Hogrefe.

Rost, D. H. & Hanses, P. (1994). The possession and use of toys in elementary-school boys and girls: Does giftedness make a difference? *Educational Psychology, 14,* 181–194.

Rost, D. H. & Hanses, P. (1997). Wer nichts leistet, ist nicht begabt? Zur Identifikation hochbegabter Underachiever durch Lehrkräfte. *Zeitschrift für Entwicklungspsychologie und Pädagogische Psychologie, 19 (2),* 167–177.

Rost, D. H. & Hanses, P. (2000). Selbstkonzept. In D. H. Rost (Hrsg.), *Hochbegabte und hochleistende Jugendliche. Neue Ergebnisse aus dem Marburger Hochbegabtenprojekt* (S. 211–278). Münster: Waxmann.

Rost, D. H. & Hoberg, K. (1998). Besondere Jugendliche mit besonderen Interessen? *Zeitschrift für Entwicklungspsychologie und Pädagogische Psychologie, 30,* 183–199.

Rost, D. H. & Schilling, S. R. (2006). Hochbegabung. In D. H. Rost (Hrsg.), *Handwörterbuch Pädagogische Psychologie* (S. 233–245). 3., überarbeitete und erweiterte Auflage. Weinheim: Psychologie Verlags Union.

Rost, D. H., Sparfeldt, J. R. & Schilling, S. R. (2006). Hochbegabung. In K. Schweizer (Hrsg.), *Leistung und Leistungsdiagnostik* (S. 187–222). Heidelberg: Springer.

Salovey, P. & Mayer, J. D. (1990). Emotional intelligence. *Imagination, Cognition and Personality, 9,* 185–211.

Sanders, M. R., Turner, K. M. T., Markie-Dadds, C. & Markie-Dadds, C. (2003). *Positive Erziehung.* Trier: Pag Institut für Psychologie.

Schilling, S. R. (2002). *Hochbegabte Jugendliche und ihre Peers.* Münster: Waxmann.

Schilling, S. R., Sparfeldt, J. & Rost, D. H. (2003). Familien mit hochbegabten Jugendlichen. *Zeitschrift für Pädagogische Psychologie, 17 (2),* 115–124.

Schilling, S. R., Sparfeldt, J. & Rost, D. H. (2006). Families with gifted adolescents. *Educational Psychology, 26 (1),* 19–32.

Schlichting, U. U. (1968). Einige Persönlichkeitszüge von Gymnasiasten mit hoher Testintelligenz. *Archiv für die gesamte Psychologie, 120,* 125–150.

Schmidt, M. H. (1977). *Verhaltensstörungen bei Kindern mit hoher Intelligenz.* Bern: Huber.

Schmidt, M. H. (1982). Psychische Auffälligkeiten bei Kindern mit sehr hoher Testintelligenz. In K. K. Urban (Hrsg.), *Hochbegabte Kinder. Psychologische, pädagogische, psychiatrische und soziologische Aspekte* (S. 106–122). Heidelberg: Schindele.

Schmidt-Traub (2001). *Selbsthilfe bei Angst im Kindes- und Jugendalter. Ein Ratgeber für Kinder, Jugendliche, Eltern und Erzieher.* Göttingen: Hogrefe.

Schneewind, K. A. (2003). *Freiheit in Grenzen. Eine interaktive CD-ROM zur Stärkung elterlicher Erziehungskompetenzen für Eltern mit Kindern zwischen 6 und 12 Jahren.* Zu bestellen über www.freiheit-in-grenzen.org oder über Prof. Dr. Klaus A. Schneewind, Universität München, Department Psychologie, Leopoldstr. 13, D-80802 München.

Schneewind, K. A. (2005). *Freiheit in Grenzen. Eine interaktive CD-ROM zur Stärkung elterlicher Erziehungskompetenzen für Eltern von Jugendlichen.* www.freiheit-in-grenzen.org.

Schneewind, K. A. (2006). Familienpsychologie. In D. H. Rost (Hrsg.), *Handwörterbuch Pädagogische Psychologie* (S. 188–200). 3., überarbeitete und erweiterte Auflage. Weinheim: Psychologie Verlags Union.

Schneider, B. H. (1987). *The gifted child in peer group perspective.* New York: Springer.

Schrader, F.-W. (2006). Diagnostische Kompetenz von Eltern und Lehrern. In D. H. Rost (Hrsg.), *Handwörterbuch Pädagogische Psychologie* (S. 95–100). 3., überarbeitete und erweiterte Auflage. Weinheim: Psychologie Verlags Union.

Schröter, G. (1977). *Zensurengebung.* Kastelaun: Henn.

Schütz, C. (2000). Leistungsbezogene Kognitionen. In D. H. Rost (Hrsg.), *Hochbegabte und hochleistende Jugendliche. Neue Ergebnisse aus dem Marburger Hochbegabtenprojekt* (S. 303–337). Münster: Waxmann.

Schütz, C. (2004). *Leistungsbezogenes Denken hochbegabter Jugendlicher.* Münster: Waxmann.

Schuler, H. (2002). Emotionale Intelligenz – ein irreführender und unnötiger Begriff. *Zeitschrift für Personalpsychologie, 3,* 138 ff.

Schulte zu Berge, S. (2001). Hochbegabte Kinder in der Grundschule. Erkennen – verstehen – im Unterricht berücksichtigen. Münster: LIT.

Schwartz, L. L. (1994). *Why give »gifts« to the gifted? Investigating in a national resource.* London: Sage.

Shiller, V. M. (2003). *Rewards for Kids! Ready-to-use charts and activities for positive parenting.* Washington: American Psychological Association.

Sparfeldt, J. R. (2006). Berufsinteressen hochbegabter Jugendlicher. Münster: Waxmann.

Sparfeldt, J. R. & Schilling, S. R. (2006). Underachievement. In D. H. Rost (Hrsg.), *Handwörterbuch Pädagogische Psychologie* (S. 804–812). 3., überarbeitete und erweiterte Auflage. Weinheim: Psychologie Verlags Union.

Sparfeldt, J. R., Schilling, S. R. & Rost, D. H. (2004). Segregation oder Integration? Einstellungen potenziell Betroffener zu Fördermaßnahmen für hochbegabte Jugendliche. *report psychologie, 29,* 100–106.

Sparfeldt, J. R., Schilling, S. R. & Rost, D. H. (2006). Hochbegabte Underachiever als Jugendliche und junge Erwachsene. Des Dramas zweiter Akt? *Zeitschrift für Pädagogische Psychologie, 20,* 213–224.

Spearman, C. (1904). »General intelligence«, objectively determined and measured. *American Journal of Psychology, 15,* 201–292.

Spearman, C. (1923). *The nature of intelligence and the principles of cognition.* London: Macmillan.

Spearman, C. E. (1927). *The abilities of man. Their nature and measurement.* New York: Macmillan.

Staatsinstitut für Schulpädagogik und Bildungsforschung München und BMW AG (Hrsg.) (2000). *HomoSuperSapiens.* München: BMW AG.

Stapf, A. (2003). *Hochbegabte Kinder. Persönlichkeit, Entwicklung, Förderung.* München: C. H. Beck.

Stapf, A. & Stapf, K. H. (1988). Kindliche Hochbegabung in entwicklungspsychologischer Sicht. *Psychologie in Erziehung und Unterricht, 35,* 1–17.

Stapf, A. & Stapf, K. H. (1998). Intellektuelle Hochbegabung. In H. Häcker & K. H. Stapf, (Hrsg.), *Dorsch Psychologisches Wörterbuch* (S. 358–360). Bern: Hans Huber.

Tent, L. (2006a). Schulreife und Schulfähigkeit. In D. H. Rost (Hrsg.), *Handwörterbuch Pädagogische Psychologie* (S. 647–657). 3., überarbeitete und erweiterte Auflage. Weinheim: Psychologie Verlags Union.

Tent, L. (2006b). Zensuren. In D. H. Rost (Hrsg.), *Handwörterbuch Pädagogische Psychologie* (S. 873–880). 3., überarbeitete und erweiterte Auflage. Weinheim: Psychologie Verlags Union.

Terman, L. M. et al. (1925). *Mental and physical traits of a thousand gifted children.* (*Genetic studies of genius.* Vol. 1.) Stanford, Ca.: Stanford University Press.

Terrassier, J. C. (1995). *Les enfants surdoués ou la précocité embarrassante.* 3° Ed. Paris: Editions ESF Groupe ELSEVIER.

Tettenborn, A. (1996). *Familien mit hochbegabten Kindern.* Münster: Waxmann.
Thorndike, R. L. (1939). Responses of a group of gifted children to the Pressey Interest-Attitude Test. *Journal of Educational Psychology, 30*, 587–593.
Thorndike, R. L. (1940). Performance of gifted children on tests of developmental age. *Journal of Psychology, 9*, 337–343.
Thurstone, L. L. (1938). Primary mental abilities. *Psychometric Monographs, 1*. Chicago: University of Chicago Press.
Urban, K. K. (2000). Hochbegabung – was ist das? Identifikation und Förderung in der Grundschule. In R. Bergsmann (Hrsg.), *Hochbegabung. Eine Chance* (S. 18–34). Wien: Facultas.
Warren, J. R. & Heist, P. A. (1960). Personality attributes of gifted college students. *Science, 132*, 330–337.
Weber, H. & Westmeyer, H. (2001). Die Inflation der Intelligenzen. In E. Stern & J. Guthke (Hrsg.), *Perspektiven der Intelligenzforschung* (S. 251–266). Lengerich: Pabst.
Westmeyer, H. (2001). Kreativität: Eine relationale Sichtweise. In E. Stern & J. Guthke (Hrsg.), *Perspektiven der Intelligenzforschung* (S. 233–249). Lengerich: Pabst.
Wieczerkowski, W. & Prado, T. M. (1993). Spiral of disappointment: Decline in achievement among gifted adolescents. *European Journal for High Ability, 4*, 126–141.
Wieczerkowski, W. & Wagner, H. (1985). Diagnostik von Hochbegabung. In R. S. Jäger, R. Horn & K. Ingenkamp (Hrsg.), *Tests und Trends. Jahrbuch der Pädagogischen Diagnostik* (S. 109–134). Bd. 4. Weinheim: Beltz.
Wild, K.-P. (1991). *Identifikation hochbegabter Schüler. Lehrer und Schüler als Datenquellen.* Heidelberg: Asanger.
Winner, E. (1998). *Hochbegabt. Mythen und Realitäten von außergewöhnlichen Kindern.* Stuttgart: Klett-Cotta.
Winterhalter-Salvatore, D. (2004). Kinder als Forscher und Erfinder. Den Naturgesetzen frühzeitig auf der Spur. *KON TE XIS. Methoden & Arbeitsheft.* Berlin: JugendTechnikSchule.
Wirtz, B. (1999). Das Phänomen der Hochbegabung und Konsequenzen für die schulische Praxis. In Pädagogische Hochschule Heidelberg (Hrsg.), *Hochbegabung – Eine Herausforderung für Familie, Schule und Gesellschaft* (S. 7–24). Informationsschrift Nr. 57 zur Lehrerbildung, Lehrerfortbildung und pädagogischen Weiterbildung. Wintersemester 1999/2000. Heidelberg: Institut für Weiterbildung der Pädagogischen Hochschule.
Wiskamp, V. (2005). Naturwissenschaftliches Experimentieren – nicht erst ab Klasse 7. 2., überarbeitete und erweiterte Auflage. Aachen: Shaker.
Wittmann, A. J. (2003). *Hochbegabtenberatung. Theoretische Grundlagen und empirische Analysen.* Göttingen: Hogrefe.
Witty, P. A. & Lehman, H. C. (1927). The play behavior of fifty gifted children. *Journal of Educational Psychology, 18*, 259–265.

Stichwortverzeichnis

A Ability grouping 91
ADHS 122 ff.
Akzeleration 87, 89 f.
Ängstlichkeit 126 ff.
Anreicherung 87 ff.
Äußere Differenzierung 87, 90 f., 97 ff.
Außerschulische Fördermaßnahmen 84 ff., 151 ff.

B Begabung 10 ff.
Beratungsstellen 145 ff.
Beschleunigung 87, 89 f.
Bullying 130

C Checklisten 44 f., 67

D Deckeneffekt 50
Diagnostik 49 ff.
Differenzierung 87 ff., 136 ff.
Disharmonie-Hypothese 67, 74
Diskussionen mit dem Kind 124 ff.
Drei-Ringe-Modell 33 ff.

E Eigenschaften Hochbegabter 60 ff.
Elternvereine 149 ff.
Emotionale Intelligenz 21 ff.
Enrichment 87 ff.
Entwicklung Hochbegabter 67 f.
Extrakurse 101 f.
Extraschulen 99 ff., 165 ff.

F Familien Hochbegabter 64 ff.
Flynn-Effekt 50
Fördereinrichtungen 151 ff.
Fördermaßnahmen 83 ff., 93 ff., 136 ff., 151 ff.
Freizeitaktivitäten 69 ff., 84 ff.,
Freunde 72 f., 128 f.
Frühzeitige Einschulung 89 f., 99
Frustrationen 120 f.

G Gardner 16 ff.
Geschlechtsunterschiede 71, 76 ff.
g-Faktor 13 ff.
Goleman 21 ff.
Gutachten 54 f., 57

H Harmonie-Hypothese 67
Hausaufgaben 88, 117 ff., 120 f.
Heller 32, 39 ff.
Hochbegabtenklassen 101
Hochbegabtenschulen 99 ff., 165 ff.
Hochbegabungsmodelle 32 ff.
Hyperaktivität 122 ff.

I Identifikation 44 ff.
Innere Differenzierung 87 f., 93 ff.
Intelligenz-Definition 11 ff.
Intelligenzquotient 24 ff., 55 ff.
Intelligenztest 12 f., 15, 24 ff., 28, 31, 37, 44 f., 47, 49 ff., 76, 106

Intelligenzverteilung 56 f., 76
Interessen 69 ff., 73, 76 ff.
IQ 24 ff., 55 ff.

K Kindergartenalter 58, 70, 84, 105 ff.
Konzentrationsprobleme 58 f., 119, 122 ff.
Kreativität 27, 30 f., 32 ff., 38 f., 106 f.

L Lernen lernen 109 f., 144
Lernprobleme 110 ff.

M Marburger Hochbegabtenprojekt 63, 70 f., 111 f.
Minderleister *s. Underachiever*
Mobbing 129 ff.
Mönks 32, 36, 38 f.
Multiple Intelligenzen 16 ff., 24
Münchner (Hoch-)Begabungsmodell 39 ff., 42
Münchner Hochbegabungsprojekt 39

N Normalverteilung 25, 29, 55 f.

P Perfektionismus 120 f.
Persönlichkeit 24, 39 ff., 74, 113
Prozentrang 25 f., 55

R Regeln 124 ff.
Renzulli 32 ff., 38
Rost 63

S Schlechte Schulleistungen 110 ff.
Schüchternheit 126 ff.
Schulische Fördermöglichkeiten 87 ff.
Schulunlust/Schulverweigerung 117, 129 f.
Selbstbewusstsein 75 f., 78
Selbsthilfegruppen 149 ff.
Selbstkonzept 75 f., 78
Sonderklassen 101
Soziale Intelligenz 17 ff., 23 f.
Soziale Kontakte 72 f., 102, 128 ff.
Spearman 13 ff.

T Talent 10, 18 ff., 41
Terman 60, 67
Triadisches Interdependenzmodell 38 f.

U Überspringen von Klassen 51, 79 f., 89, 97 ff.
Underachiever 35, 48, 62, 64, 100, 110 ff.
Unterforderung 79, 86, 88, 98, 113, 117, 122

V Verkürzung der Schulzeit 89
Verstärkerplan 119
Vertiefung 87 ff.
Vorzeitige Einschulung 89 f., 99

W Wettbewerbe 48 f., 92, 172 f.
Wissensdurst 103 ff.